もしかして
妊娠
どうし

# Q&A 15

あなたの
心配・悩みに
お答えします。

「全国のにんしんSOS相談窓口」は156ページへ
★もっと詳しく知りたい方は、
一般社団法人 全国妊娠SOSネットワークホームページ
「妊娠？どうしよう お悩み別情報」をごらんください。
https://zenninnet-sos.org/trouble-info

## ●妊娠したかも？

### Q1
コンドームつけずに
セックスしちゃった…
妊娠したら
どうしよう…！

**A1** 産婦人科に行けば、緊急避妊薬（モーニング
アフターピル）という薬を出してもらえます。

セックスから3日（72時間）以内に飲めば、高い確率で
妊娠を防ぐことができます。72時間を過ぎていても効果
があることがあるので、少し過ぎていても受診したほう
がいいですよ。妊娠を100％防ぐわけではないし吐き気
などの副作用もありますから、あくまでも緊急時の手段
と考えてくださいね。

費用は1回5000〜1万5000円くらいかかります。が、
妊娠を望まないのなら、すぐに病院に行って相談してみ
てください。

**A2** 扶養家族でも保険証を使わなければ、診察
料が高くなりますが、バレることはないですよ。

被扶養者の場合、医療機関の窓口で保険証を使う
と、受診歴が扶養者（保護者）宛に送られてくる場合もあ
ります。

### Q2
でも、病院に行ったら
親にバレないかな？

### Q3
妊娠したかどうかは
体調でわかるの？

**A3** 個人差もありますし、体調からだけでは正
確にはわかりません。妊娠が心配だったら、妊娠
検査薬を試してみましょう。

妊娠すると生理が1週間以上遅れる、おりものの量や
状態がいつもと違う、熱っぽい、眠い・だるい、胸が張

る、味やにおいの好みが変わるなどの変化があります
が、アテにはなりません。

　検査薬は生理予定日を1週間過ぎたら判定できるも
のが多いですよ。ドラッグストアなどで、500〜1000円
くらいで売っています。

　検査キットに尿をかけると数分で結果が出ます。陽性
（妊娠の可能性あり）のサインが出たら、すぐに産婦人科
を受診してください。

　陰性だったとしても、結果は確実ではないので、その
後生理が来なかったら1週間後に、もう1度検査薬で
チェックしてくださいね。

**A4**　「最後の生理が始まった日」が「妊娠0週
1日」です。セックスした日からのカウントではあ
りません。

**Q4** 「妊娠第○週」って、いつから数えればいいのですか？

　つまり、次の生理が来ず予定日の1週間後に検査をし
て妊娠だとわかったら、その時点で「妊娠5週」です。

**Q5** 妊娠の可能性があるとき産婦人科に行くと、何をするの？

**A5** 医師の診察や尿検査・超音波検査などを
して、おなかに赤ちゃんがいるか、無事に育ってい
るかを確認します。

　初診の費用は、6000〜2万円ほどです。

　当日は、スカートで行くほうが、診察（検査）のとき楽
ですよ。

　検査薬で陽性とわかっても、子宮外妊娠で卵管破裂
するなど危険な場合もあるかもしれないので、必ず病
院にも行ってくださいね。

## ●産んでも育てられない…

**Q6** 妊娠したけど、産んで育てるなんてムリ…でも、中絶はしたくない。

**A6** 自分で育てられない場合、次のような選択肢があります。　①赤ちゃんを望んでいる夫婦に大切に育ててもらう特別養子縁組　②出産後、育てられるようになるまで里親さんや乳児院に預ける

お金がない、育てる自信がない、そんな予定ではなかった…いろいろな理由があると思います。特別養子縁組も一時的な委託も、あなたが未成年なら親に伝える必要があります。20歳になっていれば、あなたの意思で決めていくことができます。

親に話しづらい事情がある場合には「にんしんSOS」や、近くの児童相談所に相談してくださいね。

どうしたらよいかあなたと一緒に考えてくれます。

## ●中絶したい…

**A7** 人工妊娠中絶が可能な時期は、妊娠22週未満までと母体保護法で決められています。

この時期はまだ、赤ちゃんがおなかから出ても生きられないとされているからです。

中絶手術にはパートナーの同意書が必要です。レイプなどで相手の同意がとれない場合は必要ありません。あなたが未成年なら、親の同意書も必要です。

そもそも中絶が認められるのは、妊娠を続けると母親の健康を害する可能性があるときや、レイプのような状況で妊娠したときと、法律で定められています。

学生だからとか、彼と別れたからという事情は、法律

**Q7** どうしても産めないから、赤ちゃんをおろしたい。中絶っていつまでできますか？

上、本当は理由とならないのです。

「中絶するしかない」と考えずに、「にんしんＳＯＳ」に相談してくださいね。

養子縁組団体にも、「にんしんSOS」の相談窓口があります。

**Q8** 中絶手術には、時間やお金はどのくらいかかりますか？

**A8** 入院日数や費用めやすは、次の通りです。

①12週まで：日帰りまたは1泊入院

　　費用は約10〜15万円

②12〜21週：3〜5日の入院が必要

　　費用は約20〜60万円

病院によって違うので、電話やホームページで事前に確かめましょう。

## ●1人で育てられるか…不安

**A9** すべて1人で抱え込もうとせず、困ったときには助けてもらったり相談することも大事ですよ。

1人で子どもを育てるのは、確かに経済的にも精神的にもたいへんなので、不安がいっぱいですよね。安定した収入がなければ当面の生活費や住むところも心配でしょうし、子どもの預け先が見つかるかも気になりますよね。

1人で子育てをしている人には、「児童扶養手当」をはじめ、さまざまな経済的支援があります。自立のめどが立つまで母子で住むことのできる「母子生活支援施設」もあります。

まずは今住んでいる市区町村の保健センターや福祉課、またはひとり親支援の窓口に相談してみてください。

**Q9** 産んだとしてもとても1人では無理。何か助けてくれる制度はありますか？

## ●妊娠・出産の手続きや費用は？

**Q10** 妊娠がわかったら、何か手続きが必要ですか？

**A10** まずは自分の住んでいる市区町村の役所、または保健センターで「妊娠届出書」を出し、「母子健康手帳」と「妊婦健康診査受診票」をもらいましょう。

お金がなくて病院にかかれないときは、先に保健センターで事情を話して相談してくださいね。

**A11** 一般的に分娩費は、42〜75万円ぐらいかかります。

病院やクリニック、助産院などで違いますが、健康保険に加入していれば、「出産育児一時金」として後から42万円が支給されるので、分娩費が安いところならほとんど自己負担なしです。

もし入院もできないくらいお金に困っているなら、「入院助産制度」と言って出産にかかる費用を補助してくれる制度もあるので、保健センターで相談してみてください。

**Q11** 出産費用はどのくらいかかるの？

**Q12** 出産したあとは、どんな手続きをするの？

**A12** 赤ちゃんが生まれたあとは、名前を決めて、14日以内に出産した病院でもらった出生証明書を役所に出します。

これで赤ちゃんの名前があなたの戸籍と住民票に入ります。

「母子健康手帳」に一緒に入っていた「赤ちゃん訪問連絡票（出生通知票）」と書いてあるハガキも忘れずに郵送してくださいね。

　助産師さんや保健師さんが家まで来て、無料で、赤ちゃんのこと、産後の生活のこと、子育てのことなどで相談があれば話を聞いてくれたり、他に利用できるサービスについても教えてくれます。

　あなた自身が育てない場合は、さまざまな配慮のもとで、この通りではありません。

　でも、生まれた子どもを育てることには、変わりなく支援が行われます。

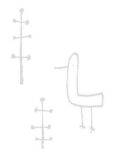

## ●暴力・性暴力の被害

**Q13**

…レイプされました。妊娠していたらと思うと怖いけど、誰にも言えない。

**A13** とてもつらかったですね。どんな状況だったとしても、あなたは被害者です。あなたは決して悪くないですよ。

　もし被害にあってすぐだったら、シャワーを浴びたり着替えたりせず、そのまますぐに警察へ行きましょう。あなたを守ってくれるし、大切な証拠が得られるからです。

　警察のほか、各県にある性暴力被害者支援のワンストップセンターでも相談を受け付けています。72時間以内の緊急避妊薬の処方、ケガや感染症がないかも含めて、気持ちや金銭面にも配慮しながらサポートしてくれますよ。1人で抱え込まずに、必ず相談してくださいね。

**Q14**

夫／彼氏から暴力を受けています。毎日、傷つくことを言われているけど、仕返しが怖くて逃げたくても逃げられません。

**A14** 毎日苦しいですね。あなたの心と体の安全を第一に考えてくださいね。どんな理由があっても暴力は犯罪です。

あなたが痛いのや怖いのをがまんする必要は、どこにもありません。

困ったときに相談できる配偶者暴力相談支援センターや、一時的に避難するためのシェルターもあるので、ぜひ利用してください。

## ●避妊の方法

**A15** いちばん確実な避妊方法は、セックスしないことです。それができないならピルを忘れずに飲むことです。

**Q15**

絶対に妊娠しない避妊方法ってありますか？

ピルは、産婦人科で処方してもらい、毎日決まった時間に飲むことで、99％妊娠を防ぐことができます。生理痛や生理による貧血をやわらげる効果もあります。人によっては吐き気などの副作用が出る場合がありますが、数日で治まることが多いです。

ただ、ピルでは性感染症は予防できないので、コンドームは必ず併用しましょう。コンドームは、挿入前からつける、爪でひっかかないなど、正しい使い方をしないと効果がありません。射精の直前で外に出す膣外射精や、あとで膣をコーラで洗う方法は、まったく避妊になりません。だまされないようにしましょう。

誰にも言えない妊娠に悩むひとりぼっちの女性と、

生まれたその日にいのちを落とす赤ちゃんを

なくす社会をつくる。

## Q&A 15
### もしかして…妊娠？　どうしよう… ————————— 1

## Ⅰ 気づいていますか？　誰にも言えない妊娠

**見えない妊娠クライシス**

### 妊娠を自己責任にせず0日死亡をなくす
誰もが切れ目なくつながれる相談・支援を　　佐藤拓代 ——— 14

1 コロナ禍があぶり出した妊娠・出産をめぐる困難
2 妊娠のいきさつと誰にも言えない妊娠クライシス
3 赤ちゃんの生後0日死亡の背景と要因
4 母子保健と児童福祉双方からのアプローチ
5 ポピュレーションアプローチが救う誰にも言えない妊娠

## Ⅱ 知っていますか？　日本の性と生の現実／リアル

**10代・若年の性と妊娠・出産**

### 誰にも相談できない妊娠に悩む少女たち
妊娠は自業自得？　なかったことにしたい妊娠　　松岡典子 ——— 42

1 変化する10代の妊娠 —— 現状と背景
2 高校生の予期しない妊娠・出産と学業継続
3 10代のコミュニケーションツールと性
4 妊娠を放置する背景、医療機関とつながらない要因と対策
5 性虐待被害、知的障がい、福祉施設内の子どもたちの問題
6 新型コロナ禍の相談現場から見る若者の性

# 見えない妊娠クライシス
誰にも言えない妊娠に悩む女性を社会で支える

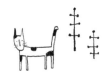

妊娠葛藤相談の現場から

## 支援の切れ目を希望につなぐ
女性の自立と子どもの福祉のために　　赤尾さく美 ——— 76

　　1 「産むことを助ける」助産師、葛藤から養子縁組へ
　　2 医療・保健、福祉、教育の切れ目をつなぐ
　　3 出産前後を安心して過ごせる居場所支援
　　4 産む使命・育てる使命、女性の自立と子どもの福祉
　　5 特別養子縁組という新たな親子の関係性

## Ⅲ 海外に学ぶ　女性と子どもへの人権尊重と支援

韓国

## 予期せぬ妊娠をしたすべての女性への支援
未婚母支援から養育支援・子どもの権利保障へ　　姜 恩和 ——— 98

　　1 子どもの養育と女性の自立支援へ
　　2 養子縁組制度の概観
　　3 1989年母子福祉法以前の未婚母支援事業
　　4 1989年母子福祉法制定以降の政策
　　5 他者に知られたくない妊娠 —— ベビーボックスの課題
　　6 全国統一「危機妊娠緊急電話1422-37」の誕生
　　7 匿名でできる相談、出産後を見通した支援へ
　　8 日本ですすむ「にんしんSOS」相談窓口の設置

**海外の法制度・支援**

## 母子のプライバシーと権利を守る内密出産
日本で解決すべき法的・制度的な課題とは　　　　床谷文雄 ————**124**

1 2000年頃から始まった欧米の支援の法・制度
2 女性の身元を明らかにしない出産の方法
3 合法化されたフランスの匿名出産
4 ドイツの新しい内密出産制度の意義
5 日本でも喫緊の総合的な内密出産制度

コラム

**0　緊急妊娠避妊薬「アフターピル」**
　　コロナ禍の朗報、オンライン処方　40

**1　アメリカ映画「JUNO／ジュノ」**
　　女子高生の選択した自分らしい行動とは　73

**2　NHKドラマ「透明なゆりかご」**
　　いのちの現場の物語　93

**3　ドイツ「妊娠葛藤相談所」**
　　刑法でも規定、公的機関であり出産後も相談　121

**4　フランスの匿名出産**
　　個人の決断を法が守る「自由・博愛・平等」　146

**5　ドイツ「ベビーボックス」**
　　母子を守る多様な方法　150

**あとがき　女性の自己決定を支え、いのちを救う**　佐藤拓代　168

**参考書籍・文献・DVD**　152
**全国のにんしんSOS相談窓口**　156
**関連法規**　161　児童の権利に関する条約／児童福祉法／児童虐待の防止等に関する法律
　　　　　　　　／子供の貧困対策大綱／母子保健法／母体保護法／刑法／成育基本法
　　　　　　　　／文部科学省通知「妊娠した生徒への対応等について」

# I

# 気づいて いますか？

誰にも言えない
妊娠

● 医師・公益社団法人 母子保健推進会議会長
一般社団法人 全国妊娠 SOS ネットワーク代表理事

佐藤拓代（さとうたくよ）

見えない妊娠クライシス

# 妊娠を自己責任にせず0日死亡をなくす
## 誰もが切れ目なくつながれる相談・支援を

## 1 コロナ禍があぶり出した妊娠・出産をめぐる困難

● 出生数の減少が見込まれる2021年

　2020年から始まった新型コロナウイルス感染症の蔓延は、私たちの生活を大きく変化させました。抗生物質が効かないウイルスであり、マスクや手指等の消毒、人との距離をとる生活、そうしていても絶対に感染しないという方策はなく、外食や旅行等の自粛で収入が激減する職種などでは、明日からの生活のめどが立たない人も出てきています。このような先行きが不安な状況では、子どもを出産し育てることはどうなるのでしょう。

　産まない選択肢もありますが、太古から私たち女性の心身は、産むことを目指して成熟しています。そして、先行きが見通せる安定した生活で、妊娠を選択しパートナーや係累（家族）、そして仲間に手伝ってもらい子どもを育てます。

　コロナ禍では先行きが見通せません。先日、妊娠すると自治体に届出が義務づけられている妊娠届出が、新型コロナウイルス蔓延前の前年との比較で

減少したという厚生労働省の報告がありました。2021年に生まれてくる子どもの数は大きく減少すると考えられています。

### ●コントロールできる妊娠・性交の快感から求められる自己責任

現代では避妊具等により、ある程度まで妊娠することをコントロールできます。しかし、コンドームにしても経口避妊薬にしても100%ではありません。性交で人と人のつながりが実感でき、なによりも快感が得られます。快感は、以後にくる陣痛の痛み、子育ての苦労に対するごほうびであり、人類が子孫を継いでいくためのインセンティブとも言えます。

この妊娠をコントロールできるという世間の認識と、性交には快感があることが、「予期しない妊娠」をした女性に対して、自己責任として厳しい目を向けさせます。特に、婚姻していない、学業等がある10代、相手が誰かわからない等の妊娠では、妊娠した女性も世間に受け入れやすい経過の妊娠でないことがわかっているからこそ、妊娠したことを「誰にも言えない」と抱え込んでしまうのです。

### ●コロナ禍が浮き彫りにした日本の妊娠・出産・子育ての課題

「誰にも言えない」状態ではない祝福される妊娠でも、新型コロナ感染症は

---

**キーワード** 予期しない妊娠

厚生労働省社会保障審議会専門委員会による「子ども虐待による死亡事例等の検証結果等について」は、2005年の第1次報告から毎年報告がなされている。実母の妊娠期の問題は第3次報告からとりあげられ、「望まない妊娠／計画していない妊娠」は継続して重大な課題の1つとされている。

第10次報告で「望まない妊娠」は、「様々な事情により、妊娠やそのパートナーが、妊娠を継続することや子どもを産み育てることを前向きに受けとめられず、支援を必要とする状況や状態にあること」と定義された。

さらに第13次報告から、より客観的、中立的に事例をとらえ、検討を行うために、「望まない妊娠／計画していない妊娠」は「予期しない妊娠／計画していない妊娠」と文言が変更されている。

---

日本の妊娠・出産・子育ての課題を浮き彫りにしました（**図1**）。「生活の安心・安全の見通しがない」状況は、この感染症がワクチン接種等により落ち着いてくると軽減するでしょうが、大きな課題は、「妊娠・出産にかかる費用がない」「身近に妊娠・出産・子育てを相談できる人がいない」ことです。

● **最初の受診約6000〜2万円が全額自己負担というハードル**

「妊娠・出産にかかる費用がない」は、なぜ国民皆保険なのに起こっているのでしょうか。妊娠・出産は、日本では病気ではないとして健康保険が使えないのです。このことは重大なことにもかかわらず、多くの人に知られていません。厚生労働省社会保障審議会専門委員会による「子ども虐待による死亡事例等の検証結果等について」では、毎年多くの生後0日の虐待死が報告され、16年間に156人に上っています。[2] この156人のうち、医療機関での出産は0人でした。すべて専門家による介助がない自分1人の孤独な孤立した出産です。

### 図1 ● 新型コロナ感染症が顕在化させた日本の妊娠・出産・子育ての課題

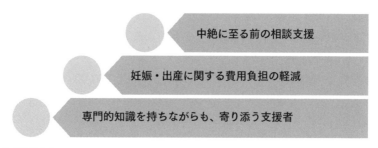

- 生活の安心・安全の見通しがない
- 妊娠・出産にかかる費用がない
- 身近に妊娠・出産・子育てを相談できる人がいない

妊娠届出の減少

中絶に至る前の相談支援

妊娠・出産に関する費用負担の軽減

専門的知識を持ちながらも、寄り添う支援者

佐藤拓代作成

------ キーワード 乳児の生後０日死亡 ------

　赤ちゃんが生まれたその日に亡くなったことを指す。人口動態調査では０歳児死亡、そのうちの新生児（生後４週間未満）死亡、さらにそのうちの早期新生児（生後１週未満）までは把握できるが、０日死亡は把握できない。

　子ども虐待による死亡事例等の検証から浮かび上がった重大な事象。

　産婦人科の現場からは、妊娠かどうか確かめるときに最初だけ受診し、それ以後は妊婦健診に来ない女性がいることを耳にします。日本では、妊娠が産婦人科で確かめられると、自治体（市区町村の保健センターや子育て世代包括支援センター等）に妊娠届出を行い、そこで母子健康手帳を交付されるとともにすべての自治体で 14 回分以上、平均で 10 万 5734 円[3]の妊婦健診受診券（一部の自治体は補助券等）が交付されます。しかし、妊娠しているかどうかと最初に受診したときには約 6000〜2 万円が全額自己負担のため、以降の受診をあきらめて自治体への妊娠届出まで至らない妊婦がいるのです。妊婦健診はかなりの部分が妊婦健診受診券でカバーされますが、このような行き違いで母子が安全に出産をする入り口にたどり着けないことは残念です。

● 足りない妊娠・出産費用の公的支援

　出産費用は、2016 年で平均 50 万 5759 円[4]ですが、健康保険診療ではなく自由診療ですので、特に都市部では、東京都の 62 万 1814 円など高額なところもあります。このうち各種健康保険制度に加入していれば出産育児一時金として 42 万円が医療機関に支払われますので、残額の 20 万円ほどが自己負担となります。

　このように妊娠・出産の費用の一部は公的な負担がありますが、子どもを育てるにはおむつや衣類、時にはミルクなど、ただですら出費がかさむことが目に見えており、とても足りるものではありません。このように妊娠・出産に対する公的支援の薄さが、子どもを持つことを「自己責任」にしていることにつながっていると考えます。

### ● 求められる正しい知識と寄り添う専門職

「身近に妊娠・出産・子育てを相談できる人がいない」ですが、インターネットで多くのことは解決できるので、あえて人に相談する必要はないと思うかも知れません。しかし、ネット上では正しくない個人の経験が書き込まれていることがあり、正しい知識で相談に応えてくれるところが必要です。また、人間のコミュニケーションは、声のトーン、表情や仕草、匂いなど、五感を駆使したものなので、文字だけでは満たされません。実際に会って会話し、受けとめてくれる人間が必要です。しかし、コロナ禍では祖父母や友人などとすら会話がしにくい状況です。

　自治体の保健センター等の専門職の支援が頼りですが、そこでは子育てや生活のリスクの高い人に目が向きがちだったと思います。妊娠・出産・子育ては、原家族から出て、それまで一緒に生活してこなかったパートナーとの生活が始まり、なじみのない小さな命が生まれて育てるという、人生でいまだかつて経験したことがない大変動です。日本はどこの市町村でも乳幼児健診が専門職により行われ、医療制度も充実し、乳児死亡率という国民の保健・医療のレベルを示す数値は、世界でトップレベルです。しかし、子どもが生まれて家族になるには、保健・医療に加えて子育て支援との連携と、その人のことを知って大変動に寄り添ってくれる支援が必要です。

### ● フィンランド「ネウボラ」に学ぶポピュレーションアプローチ

　フィンランドではネウボラ（「相談の場」の意味）が70年以上かけて整備され、そこにいる保健師（厳密には、フィンランドの保健師の教育課程と役割は日本とは異なる）は専門性が高く、同じ保健師が6歳になるまで担当し、家族との信頼関係ができていることから、どんなことでもまず相談するのはネウボラの保健師で、子ども虐待発生も予防できていると言われています。[5]支援の仕方も問題を見つけるための問診的な会話ではなく、オープンダイアローグ[6]から始まっています。

　コロナ禍だからこそ、生身の人間どうしの会話をベースにした、リスクの

18

ある人を把握し支援するハイリスクアプローチではない、誰でもが支援を受けられるポピュレーションアプローチへと支援の方向転換が行われることが求められています。

## 2 妊娠のいきさつと誰にも言えない妊娠クライシス

### ● 妊娠までのいきさつと女性の人生を見据えた支援を

妊娠——この言葉ほど、幸せをもたらすか不安にさいなまされるか、振り幅の大きい言葉はありません。不安にさいなまされる妊娠で、しかもそのことを誰にも相談できず、相談しても叱責されるだけと思っている場合は、1人で抱え込んでしまいます。誰にも相談できない妊娠は、「妊娠クライシス」をもたらします。

妊娠は男性との性行為により成立することですが、その関係性が家族等の世間に受け入れられないときに誰にも相談できなくなってしまいます。筆者の経験または助言等での誰にも言えない妊娠、妊娠継続に反対されているという相談は、**表1**のように妊娠のいきさつと困りごとが考えられました。

「子どもの父親が誰かわかっている」場合では、少なくとも相手の男性には

**表1● 妊娠のいきさつと困りごと**

```
●子どもの父親が誰かわかっている
（1）現在は関係がない
    離婚、逃げられたなど
（2）現在も関係がある
    ① 一緒の子育てまたは結婚予定はない
    ② 学業や仕事など子育て環境が整わない
    ③ 経済問題がある
    ④ 若すぎる
●子どもの父親が誰かわからない
```

佐藤作成

妊娠したことを相談できるでしょう。しかし、「（1）現在は関係がない」の場合には女性は見捨てられ感が大きくメンタルな不調を起こすこともあり、傾聴し適切な相談機関に繋げる対応が必要な場合も出てきます。「（2）現在も関係がある」場合で、妊娠継続を諦める場合には単なる情報提供で終わらない、女性の人生を踏まえたその後につながる受容が必要です。

　妊娠を継続する・継続せざるを得ない場合には、保健・医療に加え福祉、そして中高生の場合には教育と連携した支援が必要です。

● **女子高校生の学業継続のための連携・支援**

　学業については、中学生では義務教育であり教育が途切れることはありませんが、高校生ではケースごとの細やかな対応が必要となります。学業継続の意思があるのに体育の実技が配慮されないという事例がマスコミで取り上げられたことは記憶に新しいことです。また、そもそもが不登校気味な事例では学校側から積極的な配慮がないと簡単に学業継続を諦めがちです。

　文部科学省が行った 2015 年・2016 年の公立高校における妊娠に関する調査では、全日制 1006 人、定時制 1092 人の妊娠を把握しており、懲戒退学はなかったものの自主退学が全日制 392 人（39.0%）、定時制 282 人（25.8%）あったとされています。[7] これを踏まえ 2018 年 3 月に文部科学省が全国の公立・国立・私立高校に関係する教育委員会等に宛て、学業継続の意思がある場合は、安易に退学処分等を行わず休学・転籍等の情報提供を行うこと、学業継続では養護教諭やスクールカウンセラー等の支援と体育実技等では課題レポートの提出や見学等の対応を行うことなどの通知を発出しています。女性の人生を見据えた対応がどこの高校でも行われることが重要であり、このような妊娠の相談を受ける窓口と保健・医療・福祉機関が高校と連携した支援を行う必要があります。

● **女性の決断を支え、傾聴する支援**

　「子どもの父親が誰かわからない」相談は、超音波検査で胎児の妊娠週数を告げられたがいつの妊娠か、このような行為の妊娠ではどちらが妊娠しやす

いかといった間接的な内容で始まる相談や、不特定の男性との性行為があり誰の子かわからないという相談などです。妊娠届出を行う保健センター等の公的機関には相談しにくく、匿名で相談できる窓口にようやく相談してきているのでしょう。

　産むかどうか、またパートナーがいる場合は打ち明けるかどうかを最後に決断するのはその女性自身であり、相談窓口では「あなたの子どもであることにはまちがいない」とそのプロセスを傾聴する支援を行わなくてはなりません。ずっと抱え込んで誰にも言えない場合はうつ状態になることがあり、妊娠届出を受けている市区町村保健センターでは、このような女性がいることも念頭に置いた対応も必要です。

● **最悪の結果、日本に特有の赤ちゃんの生後0日死亡**

「妊娠クライシス」の最悪の結果は、妊娠した子どもの存在をなかったものにしてしまう事態です。出産し、意図したにせよ、しなかったにせよ子どもが死亡した背景は、子ども虐待による死亡事例等の検証報告の0日死亡の分析から知ることができます。[8]

　第1次報告から第16次報告までの心中以外の虐待死（心中も虐待であるが背景が異なることが多い）の年齢別割合の推移を**図2**に示しています。12か月未満の割合が50％前後と多く、0日死亡はその365分の1どころではない多くの事例があることがわかります。

　子ども虐待に先進的な取り組みをしているいくつかの国で、0日死亡の割合を筆者がたずねたところ、0歳の統計はあるが0日死亡は統計を取っていないし、多くはないということでした。

　筆者は、0日死亡の問題は人工妊娠中絶がたやすくでき、しかも妊娠が自己責任とされてしまう日本特有の事態ではないかと思います。自己責任とされた妊娠の責任は女性1人が負おうとしますが、人工妊娠中絶の多額のお金がない、また、妊娠22週を過ぎると中絶することはできず、いつか子どもがいなくなることを願っても時期が来ると、時と場所を選ばず陣痛が始まる

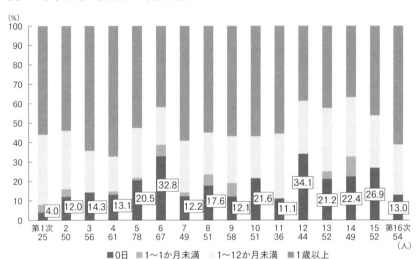

**図2●心中以外の虐待死の年齢別割合**

注：第16次報告は2018年4月から2019年3月までの死亡事例を検証し、2020年9月に報告
資料：厚生労働省「子ども虐待による死亡事例等の検証結果等について（第16次報告）」2020年

のです。**図3**は0日死亡事例の出産場所ですが、自宅が67.9%、自宅外が22.4%で、医療機関での出産は0%です。出血の手当をする用意もない孤立した孤独な分娩をし、最後まで誰にも知られたくない思いから泣き声を上げる赤ちゃんの口をふさいだ、あるいは口腔内を呼吸ができるようにしなかったなど、意図する、意図しないにかかわらず、結果として赤ちゃんが死亡しまったことが浮かび上がります。

　0日死亡事例の加害者は90.4%が実母で、一部の両親が加害者の事例を除き男性の姿は見えてきません**（図4）**。妊娠は男性がいるから成立することですが、妊娠を告げたが連絡がとれなくなったなどの事例はよく耳にします。

　日本の性教育では性行為そのものを取り上げず、具体的なコンドーム装着方法の講義なども行わず、性に関する知識の不十分さが男性主導型の性行為を女性が許してしまうことにつながります。男性も性行為がお互いを尊重し

22

**図3 ● 0日死亡事例の出産場所**

第1次〜第16次報告　156例（人、％）

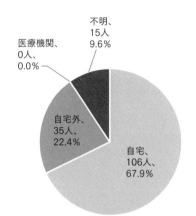

**図4 ● 0日死亡事例の加害者**

第1次〜第16次報告　156例（人、％）

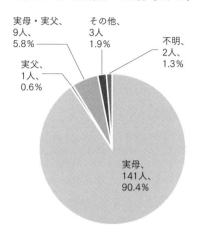

資料：図3・4ともに、厚生労働省「子ども虐待による死亡事例等の検証結果等について（第16次報告）」2020年

行うことを知らなければ、妊娠という事態から目と耳をふさぎ逃げてしまうこともあるのです。このことも生後0日死亡の背景として重大で、女性だけの自己責任にしては解決されません。

## 3　赤ちゃんの生後0日死亡の背景と要因

### ● 虐待死の背景、若年（10代）出産

　乳児の0日死亡に至る背景にはどのようなことがあったのでしょうか。厚生労働省「子ども虐待による死亡事例等の検証結果等について」の第3次報告からは、実母の妊娠期・周産期の問題が分析されています。0日死亡事例に関しては第8次報告から分析されており、**表2**に第8次から第16次報告における0日死亡を除いた事例（「0日死亡以外」とします）と0日死亡での妊娠期・周産期の問題を比較しました。「予期しない／計画していない妊娠」は、0日死亡以外でも約3割にあり、0日死亡では約4割であること、「若年

表 2 ● 実母の妊娠期・周産期の問題

|  | 0 日死亡以外の全年齢死亡<br>N=298 人 | | 0 日死亡<br>N=149 人 | |
| --- | --- | --- | --- | --- |
| 予期しない / 計画していない妊娠 | 87 人 | 29.2% | 58 人 | 38.9% |
| 若年（10 代）妊娠 | 59 人 | 19.8% | 28 人 | 18.8% |
| 母子健康手帳の未交付 | 19 人 | 6.4% | 76 人 | 51.0% |
| 妊婦健診未受診 | 67 人 | 22.5% | 78 人 | 52.3% |

資料：厚生労働省「子ども虐待による死亡事例等の検証結果等について」
　　　第8次〜第16次報告から、佐藤作成

（10 代）妊娠」は 0 日死亡以外と 0 日死亡で差がなく、約 2 割であることがわかります。「予期しない／計画していない妊娠」が日本の出産のどれくらいあるかは、統計データがなくわかりません。しかし、若年（10 代）の出産は 2019 年の出産のうち 0.9%[9]ですので、約 2 割は非常に多く、すべての虐待死の背景として若年出産は重要です。これは、妊娠届出時には把握できることから虐待を予防する支援を行う必要があります。

● **母子健康手帳未交付・妊婦健診未受診**

　日本の母子保健サービスは自治体への妊娠届出から始まることが多く、同時に母子健康手帳と妊婦健診受診券（自治体により妊婦健診補助券）を交付されます。しかし、母子健康手帳の未交付は 0 日死亡以外は 6.4% に過ぎませんが、0 日死亡では 51.0% と非常に多くなっています。

　妊婦健診未受診は、0 日死亡以外では 22.5% です。出産数に対する妊婦健診受診実人数の割合は、統計から推測すると、流産や死産の妊婦も受診するので 100% を超えて 134.2%[10]となります。少なくともこのように多くの妊婦が妊婦健診を受診していない状況ではありません。0 日死亡ではさらに高い 52.3% が未受診です。

● **重要な妊婦健診未受診への気づき**

　虐待に至る背景として、どの年齢でも「予期しない／計画していない妊

娠」「若年（10代）妊娠」が重要です。0日以外の虐待死では母子健康手帳は交付されているものの、妊婦健診未受診への気づきが重要と言えます。妊婦健診はどこの医療機関を受診してもよく、しかも自治体に受診結果が報告されるまでに2か月くらいかかるため、未受診であることを把握するのは困難ですが、未受診となる状況は経済的に厳しい、子どもの数が多く生活に余裕がない等であるため、それ以前に福祉や子育て関係機関等が関わっていることがあり、妊娠届出があれば比較的追いかけやすいと言えます。

　しかし、0日死亡の妊婦健診未受診は、母子健康手帳の未交付（妊娠届出がされていない）がある事例がほとんどで、特段に把握が難しいのです。妊娠届出から始まる母子保健サービスにたどりつけない、あるいは知っていても妊娠したいきさつや妊娠したことを隠し通したい人（往々にして親）がいる場合などです。従来の母子保健サービスではない、新たな相談窓口が必要な所以です。

● **誰にも言えない妊娠＝妊娠クライシス**

　虐待死亡事例の検証報告では、「予期しない／計画していない妊娠」の文言が使われていますが、0日死亡にまで至るような事態は、誰にも言えない妊娠「妊娠クライシス」と言えましょう。妊娠クライシスの背景は、**図5**のように「予期しない／計画していない妊娠」の中でも、婚姻してからでなくては性交が認められないといった「宗教的に許容されない」、不倫や風俗などの「社会的に許容されない」、「学校や職場に知られたくない」、そして「家族に知られたくない」といったことがあります。

　最もベースにあるのは「家族にばれたくない」です。宗教的、社会的、教育的許容が困難な場合でも、家族に相談できる関係性があれば、ほとんどが乗り越えることができます。

　家族に相談できなくても相談できるような、予期しない妊娠に特化した、匿名でも相談できる窓口が必要です。**図5**に「にんしんSOS」とありますが、これは一般名称として、方策を指示するのではなく、保健・医療・福祉

図 5 ● 妊娠クライシスと誰にも相談できなかった場合の出産後の状況

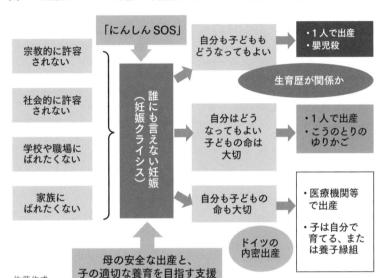

佐藤作成

の情報提供とともに産む場合、産まない場合の支援について伝え、あくまでも本人の選択を尊重する相談窓口を指しています。

● 赤ちゃんの0日死亡をなくす安全な出産と子どもの福祉を

　産まざるを得ない場合には、医療の関与しない1人で産む出産を予防し、母子の安全をはかり、子どもの福祉にとって適切なところで育てられることを支援します。「にんしんSOS」につながらず、「自分も子どももどうなってもよい」と1人で出産し、生まれた子どもを意図する意図しないにかかわらず、殺害してしまったのが0日死亡です。

　とことん最後まで隠し通す妊娠は、どんなことでも受けとめられた思いをもてなかった生育歴があるのかもしれません。「自分はどうなってもいいけれど、子どもの命は大切」な場合は、1人で出産に耐え、産後の体にむち打って遠い熊本市の慈恵病院に設置されている「こうのとりのゆりかご」に子どもを預けにいくことでしょう。1人で出産するのは、とにかく妊娠・出

------ キーワード にんしんSOS ------

　妊娠に関して、妊娠が確定していない段階から出産を目前に控えた段階まで、あらゆる「どうしたらよいかわからない」という相談に、保健・医療・福祉、相談によっては教育・司法の情報を提供し、産む・産まない、自分で育てる・他の人に託すなどの選択肢の自己決定を支援し、必要な場合には支援できる機関等につなげる、匿名で相談できる窓口。

　2011年に大阪府の委託を受け大阪母子医療センターの運営により始まった「にんしんSOS」は、文字のイメージがやさしく、かつ緊急的相談に対応していることがわかりやすいため、多くの相談が寄せられた。各地で、「にんしんSOS」の相談窓口が立ち上がっている。➡ **156ページ「相談窓口」**

産したことを誰にも知られたくないからなのです。

　日本の出産はほとんどが医療機関で行われ、匿名で出産することはできません。本書第Ⅲ章で紹介されているように、ここをクリアする内密出産の制度がある国もあります。諸外国の制度を参考にしつつ、母子ともに安全な出産と子どもの福祉を守る養育が検討されるべき時期に来ていると思います。

## 4 母子保健と児童福祉双方からのアプローチ

### ● 妊娠相談窓口に求められる構造と質

　厚生労働省の虐待死亡事例の検証報告では、2011年に出された第7次報告から0日死亡が記述されています。第7次報告では改めて第6次報告までの0日死亡を含めて67人と、全虐待事例386人の17.4%にものぼることが明らかになりました。これを受け、第7次報告の提言に「妊娠等について悩みを抱える者のための相談体制の充実」が掲げられ、2011年7月27日に厚生労働省通知「妊娠期からの妊娠・出産・子育て等に係る相談体制等の整備について」が発出されています。以後、各地でこのような相談窓口の設置がすすめられています。

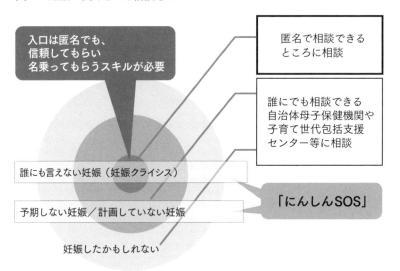

**図6 ● 妊娠の受けとめと相談窓口**

入口は匿名でも、信頼してもらい名乗ってもらうスキルが必要

匿名で相談できるところに相談

誰にでも相談できる自治体母子保健機関や子育て世代包括支援センター等に相談

誰にも言えない妊娠（妊娠クライシス）

予期しない妊娠／計画していない妊娠

「にんしんSOS」

妊娠したかもしれない

佐藤作成

　妊娠したことをどのように受けとめているか、匿名で相談できるかどうか、から求められる相談窓口は、**図6**のように構造化して考えることができます。「妊娠したかもしれない」がそのことを誰にでも相談できる場合は、居住していて氏名が知られてもいいので自治体の保健センター等の母子保健部署や子育て世代包括支援センター（後述）に相談できます。

　妊娠するとは考えていなかった「予期しない妊娠／計画していない妊娠」は、予定が狂いびっくりしますが、誰にでも相談できる場合は、住所地（居住地）の公的機関に相談することでしょう。しかし、妊娠が身近な人に知られてしまうことを恐れている場合は、「にんしんSOS」に相談することでクリアしなければならない課題が整理され、親等に相談でき公的サービスを利用できることもあります。専門的知識をもち、相談者の状況や相談の裏にある真の困りごとに寄り添った対応が必要なのが、「誰にも言えない妊娠（妊娠クライシス）」に対応できる質の高い相談窓口です。どのような相談か対応

してみて判明することもあり、「にんしんSOS」には、これに対応できるスキルが求められています。また、あまりにも相談対象が地元に限られる窓口では、匿名性が保たれないことを恐れて相談しにくいようです。複数の自治体や複数の管轄がある都道府県や中核市等の窓口、または全国を対象とした窓口など相談しやすいことを踏まえた展開が必要です。

● **母子保健系の相談窓口**

母子保健系は、自治体の母子保健部署の直営の相談窓口と、都道府県や政令指定都市、中核市が国からの補助を受けて女性健康支援センター事業（以下「センター事業」）のなかのメニューの1つとして実施しているものがあります。

センター事業は、**表3**のように対象が思春期から更年期の女性を対象として予期せぬ妊娠への対応も掲げられています。事業内容では④妊娠に悩む者に対する専任相談員の配置、⑥特定妊婦等に対する産科受診等支援、⑦若年妊婦等に対するSNSやアウトリーチによる相談支援、緊急一時的な居場所の確保がありますが、すべてのセンターが行っているわけではありません。また、これまで述べてきたように、予期しない妊娠、誰にも言えない妊娠（妊娠クライシス）をした女性が相談しやすいように匿名でも相談できること、代表電話等ではなくこの相談に特化した電話番号等があることが重要です。

母子保健系の「にんしんSOS」について、厚生労働省が2018年度子ども・子育て支援推進調査研究事業として「予期せぬ妊娠に対する相談体制の現状と課題に関する調査研究」[11]を行っています。都道府県・指定都市・中核市・特別区のうち回答のあった126自治体（86.9%）で「予期せぬ妊娠」の相談対応は99か所（78.6%）が行っていました。「予期せぬ妊娠」に特化した専用相談窓口は51自治体（40.5%）に56か所設置されており、女性健康支援センター事業の一環として直営または委託で実施しているところが41か所（80.4%）でした。匿名の相談はすべてのところで実施し、男性からの相談も9割以上で受けており、相談形態は対面相談68.4%、専用回線でな

**表3 ● 女性健康支援センター事業**

●**事業の目的**
　思春期から更年期に至る女性を対象とし、各ライフステージに応じた身体的・精神的な悩みに関する相談指導や、相談指導を行う相談員の研修を実施し、生涯を通じた女性の健康の保持増進を図ることを目的とする。

●**対象者**
　思春期、妊娠、出産、更年期、高齢期等の各ライフステージに応じた相談を希望する者（不妊相談、予期せぬ妊娠、メンタルヘルスケア、性感染症の対応を含む）

●**事業内容**
　①身体的、精神的な悩みを有する女性に対する相談指導
　②相談指導を行う相談員の研修養成
　③相談体制の向上に関する検討会の設置
　④妊娠に悩む者に対する専任相談員の配置
　⑤（特に妊娠に悩む者）が、女性健康支援センターの所在等を容易に把握することができるよう、その所在地及び連絡先を記載したリーフレット等を作成し、対象者が訪れやすい店舗等で配布する等広報活動を積極的に実施
　⑥特定妊婦等に対する産科受診等支援
　⑦若年妊婦等に対する SNS やアウトリーチによる相談支援、緊急一時的な居場所の確保

●**実施担当者** ・・・ 医師、保健師又は助産師等
●**実施場所** （実施主体：都道府県・指定都市・中核市）
●**補助率等** 補助率： 1／2

厚生労働省資料より

い電話相談 52.0%、専用回線による電話相談 49.0%、問い合わせフォームによるメール相談が 19.4%、特化したアドレスによるメール相談が 18.4%、LINE1.0% でした。現在は LINE の相談は増えているかもしれません。

「予期せぬ妊娠」の相談対応をしている 99 か所で、対応困難な事例があったのは 66 か所（67.3%）でした。対応困難な事例とその頻度では、「妊娠不安」では困難は事例は少なく、「妊娠を継続するかどうか」「妊婦健診・出産の費用がない」では困難事例が多くなっていました（**図 7**）。母子保健系では保健所や市区町村保健センター等で行っている直営と、助産師会や医療機関などへの委託で運営されているところが多く、どちらにしても医療・保健の知識はありますが、子どもを育てるかどうか、費用がないといった、児童福

2009年改正の児童福祉法で、特定妊婦は「出産後の養育について出産前において支援を行うことが特に必要と認められる妊婦」であり、要保護児童対策地域協議会★で支援する対象者とされている。

★要保護児童対策地域協議会：児童福祉法に定められた要保護児童等への支援を図る機関。地方公共団体が設置する。➡ **47ページ「キーワード」**

特定妊婦の定義は法では定められておらず、2013年の厚生労働省「子ども虐待対応の手引き」では、「第2章虐待の発生を予防するために」の「3市区町村の子育て支援策、（2）妊娠期からの支援、②特定妊婦への支援」において、以下のように考えると例示されている。

---

①すでに養育の問題がある妊婦

要保護児童、要支援児童を養育している妊婦

②支援者がいない妊婦

未婚またはひとり親で親族など身近な支援者がいない妊婦、夫の協力が得られない妊婦など

③妊娠の自覚がない・知識がない妊婦、出産の準備をしていない妊婦

④望まない妊娠をした妊婦

育てられない、もしくはその思い込みがある、婚外で妊娠をした妊婦、すでに多くの子どもを養育しているが経済的に困窮している状態で妊娠した妊婦など

⑤若年妊婦

⑥こころの問題がある妊婦、知的問題がある妊婦、アルコール依存、薬物依存など

⑦経済的に困窮している妊婦

⑧妊娠届出の未提出、母子健康手帳未交付、妊婦健康診査未受診または回数の少ない妊婦

なお、未受診となった背景を把握することが重要である。

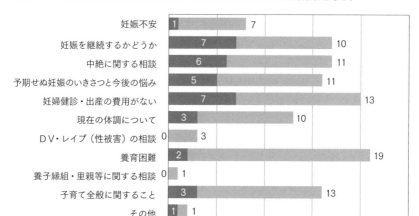

資料：公益社団法人母子保健推進会議：平成30年度厚生労働省子ども・子育て支援推進調査研究事業
「予期せぬ妊娠に対する相談体制の現状と課題に関する調査研究報告書」

祉や生活福祉の知識は薄く困難ととらえていることがわかります。

　この調査では市町村に対する調査も行っており、回答のあった633か所
（38.5％）のうち予期しない妊娠専用の相談窓口は設置予定を含めて69か所
（10.9％）と少ないものの、対応に取り組んでいるところがありました。ま
た、NPOに対する調査も行っており、民間養子縁組団体などさまざまな
バックグラウンドの窓口で、同行支援等のアウトリーチも行われていること
が報告されています。

　センター事業の相談件数は、直営より委託実施しているところが多く、生
活している地域で特に自治体が直営で実施している窓口には、匿名であって
も相談した個人が特定されるのではないかと恐れ相談しにくく、広域での対
応を相談者は求めていると言えます。

**表4 ● 産前・産後母子支援事業**

> ● **事業の目的**
>  妊娠期から、出産後の養育への支援が必要な妊婦等への支援体制を強化するため、妊娠期から出産後までの継続した支援を提供する。

● **事業内容**
 ①予期せぬ妊娠などをした妊婦のための相談窓口を開設
 ②支援が必要な妊婦等に、支援計画を作成
 ③産前産後に必要となる妊娠相談、分娩、生活相談、住居支援について、
   既存資源の活用も含めて調整し、支援を提供
 ④特定妊婦等や出産後の母と子に対して、一時保護委託等を受けることにより
   緊急的な住まいを提供し、看護師による専門性 を活かした支援を実施
   自立に向けた家事などの日常生活上の援助や住まいの確保に向けた支援等
 ⑤出産後、自ら子どもを育てることができない場合など、母親が希望する場合には、児童相談所と連携し、特別養子縁組に向けた支援
 その他、特定妊婦等を受け入れた場合の生活費の補助や居場所づくりに係る賃借料の補助

● **実施施設等**
 乳児院や母子生活支援施設、産科医療機関等にコー ディネーターや看護師を配置
● **実施主体**：都道府県・指定都市
● **補助率等**　補助率：　1／2

厚生労働省資料より


● **児童福祉系の相談窓口**

　児童福祉は子どもが存在してからの福祉であり、子どもがまだ生まれてきていない妊娠期からの支援は乏しいと言えます。しかし、先に述べた「特定妊婦」は児童福祉法に位置づけられていますし、妊娠しても育てられない子どもの乳児院入所や特別養子縁組といった相談対応を児童相談所が行っています。児童福祉では、ごく一部の相談対象であった「予期せぬ妊娠」が、近年、産前・産後母子支援事業として焦点が当てられて取り組まれ始めています（**表4**）。

　厚生労働省が2017年度から、妊娠期から出産後の養育に支援が必要な特定妊婦や、いわゆる未受診妊婦への支援を強化するために開始した事業で、

特に乳児院や母子生活支援施設などが行っているので、出産後を見据えた支援が行われることが特徴です。実施主体は都道府県や指定都市で、10数か所から増加しつつあります。

　事業内容に「①予期せぬ妊娠などをした妊婦のための相談窓口」とあり、これは「にんしんSOS」と言えます。産科医療機関が受託しているところ以外では、コーディネーターや看護師の配置で、助産師や保健師が得意な妊娠不安や妊娠中の心身の相談には弱いところがあります。また、予期せぬ妊娠では実家やパートナーとの関係が悪く、日々の居所や生活費がない事例がありますが、母子保健系の「にんしんSOS」では支援が難しいところです。

　誰にも言えない妊娠（妊娠クライシス）への支援は、母子保健系と児童福祉系の「にんしんSOS」がお互いの特徴を理解し、連携支援していく新たなステージに入ったと言えます。

● 民間団体の相談窓口

　民間団体の相談窓口は、予期せぬ妊娠一般の相談窓口、育てられない相談が主体の特別養子縁組団体の相談窓口、そして2007年に「こうのとりのゆりかご」設置と同時に開始された相談窓口と大きく3種類あります。非常に多くの相談が寄せられているのは「こうのとりのゆりかご」設置と同時に開始された相談窓口です。

「こうのとりのゆりかご」は、2007年に熊本市にある民間病院の慈恵病院が、赤ちゃんを出産し育てられない事情があり、どうしても相談できない場合に、「ちいさな命を救う」ために設置したものです。同時に、「赤ちゃんを預ける前にもう一度、よく考えましょう」と、「相談できる・相談したい人」に、「赤ちゃん　妊娠　出産　子育て」で「悩んでいる」、「相談したい。・誰にも相談できない」人が相談できる「SOS赤ちゃんとお母さんの妊娠相談」を、メールと24時間対応のフリーダイヤルで開設しています。

　同時期に熊本市も行政対応として、24時間の「予期せぬ妊娠・出産に関する悩み相談」を開始し現在は厚生労働省産前・産後母子支援事業として熊

本乳児院で実施しています。熊本県でも、「出産・養育についての相談」を中央児童相談所で、「妊娠とこころの相談」を女性相談センターで実施しており、奇しくも「こうのとりのゆりかご」検証報告から、3種の相談がニーズに応える状況の違いがわかります。

　2018年度の相談件数は、「こうのとりのゆりかご」6031件＞熊本市164件＞熊本県81件で、相談内容で思いがけない妊娠は「こうのとりのゆりかご」915件（15.2％）＞熊本市45件（27.4％）＞熊本県33件（40.7％）、県外から相談が来る割合は「こうのとりのゆりかご」70.9％＞熊本県22.2％＞熊本市3.6%でした。[12]

　3種類の運営している機関の通常業務がどのようなものであるか、また相談へのアクセスのしやすさにより、相談者は相談先を選択していると言えましょう。

　自治体の直営または関係機関に委託、民間団体がそれぞれの目的によりさまざまな「にんしんSOS」を設置しています。相談者は求めていることに寄り添ってくれる相談窓口をウエブで検索しています。何を行っているところか、どのような相談に対応しているのか、またどのような方針で支援しているのかと言った、相談窓口のコンセプトを見える化し利用しやすくする、利用者目線での展開が求められています。

　以上の具体的な相談窓口は、一般社団法人全国妊娠SOSネットワークのホームページで見ることができます。[13]

## 5　ポピュレーションアプローチが救う誰にも言えない妊娠
### ●妊娠届出から始まる誰でも利用できる母子保健サービス

　間口は広く、敷居は低いのが利用しやすいサービス窓口で、自治体は妊娠届出の受理から始まる誰でもが利用できる母子保健サービスを展開しています。妊娠届出を受理したとき、「おめでとうございます」の言葉に、困りごと

**表5 ● 厚生労働省「子ども虐待による死亡事例等の検証結果等について」第16次報告**

> **「予期していない妊娠／計画していない妊娠」があったすべての13人（うち疑似事例6人。年齢不明1人）と関連する問題として**

- ● 0日の死亡児 4人
  - 母子健康手帳の未発行・妊婦健診未受診　4人（100.0%）
- ● 1日以上1か月未満の死亡児 0人
- ● 1か月〜1歳未満 5人
  - 母子健康手帳の発行・妊婦健診未受診　3人（60.0%）
  - 母子健康手帳の発行・妊婦健診受診　2人（40.0%）
- ● 1歳以上 3人
  - 母子健康手帳の発行・妊婦健診受診　2人（66.7%）
  - 母子健康手帳の発行及び妊婦健診受診不明　1人（33.3%）

資料：厚生労働省「子ども虐待による死亡事例等の検証結果等について」第16次報告

を相談できなくなったという方がいました。母子保健は母親の妊娠・出産・子育てに支援していて、父親との問題は目が向きにくかったと言えます。しかし、パートナーとの関係に問題があり予期せぬ妊娠をした方でも一部は、この行政窓口を利用しています。

　厚生労働省の子ども虐待の検証報告でも続いている分析ですが、第16次報告を**表5**にあげています。「予期しない妊娠／計画していない妊娠」があった虐待死亡事例すべては13人（全体54人の24.1%）あり、そのうち1か月以上で死亡した8人のうち7人は母子健康手帳が発行されています。すなわち、自治体の保健センター等に妊娠したことを告げることができた妊婦の中に、予期しない妊娠をした妊婦がいるということなのです。

　妊娠届出は、大多数の妊婦にとって初めて公的サービスを利用する機会です。そこでカウンターで事務的に届出を受理しパンフレットを渡すだけではなく、保健師等の専門職を信頼する関係構築のために個室等を設けて対応する、住民の利用者目線に立った支援が行われ出しました。

**図8 ● 従来の母子保健から母子保健を包含した子育て世代包括支援センターへ**

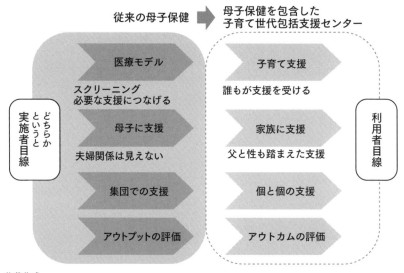

佐藤作成

### ● 妊娠期からの切れ目ない支援、子育て世代包括支援センター

　母子保健法の改正で自治体が子育て世代包括支援センター（法では「母子健康包括支援センター」）を、妊娠期から子育て期にわたるまでの切れ目のない支援を行うところとして設置し、全国展開が目指されています。切れ目のない支援とは、ある時期は疾病や障害の早期発見を目的とし、またある時期は仲間づくりや子育て支援を目的とするといったように事業実施者の理由によるサービスの姿勢ではなく、利用者側の日々の生活や親子の育ちを、利用者を中心に考える姿勢での支援です。

　これまで妊娠したいきさつにはふれずに母子に支援してきた自治体のポピュレーションアプローチ（リスクのある人を対象として濃厚に支援するハイリスクアプローチではなく、誰にでも支援を届けるアプローチ）も、「にんしんSOS」に相談が寄せられるような妊婦や母親が利用することもあると認識する必要があります。誰にも言えないようないきさつでも相談できる個室等

で、相談者が向き合い話を聞いてもらい、この人なら相談できるという支援者個人との信頼関係を構築することがなによりも求められています。

● **家族への支援、顔の見える支援、個と個の支援へ**

　子育て世代包括支援センターは、利用者目線に立ったポピュレーションアプローチを目指しており、筆者が考える、従来の母子保健と子育て世代包括支援センターの支援の関係を**図8**に示しています。乳幼児健診では正常・要フォロー・要精検の疾病や発達のスクリーニングに重きを置きがちですが、問題を指摘するのではなくどのような親子でも受けとめ孤立させない「医療モデルから子育て支援へ」。また、どうしても母子保健では母と子の関係を重要視しがちでしたが、母にはパートナーがいて、そこには性的関係があるという視点と、母とパートナーには子育てをしてくれた祖父母との関係が現在の「ひととなり」に影響している視点が必要です。

　さらに、「母子支援から家族支援へ」、そして先に述べた名乗らない「顔が見えない支援から顔の見える支援」「集団での支援から個と個の支援へ」とシフトさせることで、誰にも言えない妊娠（妊娠クライシス）のようなサービスを受けにくい親も利用しやすい、切れ目をつくらない支援を展開することができます。

　これは最初に述べたコロナ禍でも求められることです。誰にも相談できないと思い込ませない、誰にでも相談できるポピュレーションアプローチが今求められています。

● **注** --------------------------------------------------------------------------------

1　厚生労働省「令和2年度の妊娠届出数の状況について」2020年
　　https://www.mhlw.go.jp/stf/newpage_15670.html
2　厚生労働省「子ども虐待による死亡事例等の検証結果等について（第16次報告）」2020年
　　https://www.mhlw.go.jp/stf/seisakunitsuite/bunya/0000190801_00001.html
3　厚生労働省「妊婦健康診査の公費負担の状況について」2018年
　　https://www.mhlw.go.jp/content/11908000/000552443.pdf
4　国民健康保険中央会「出産費用平成28年度」2017年
　　https://www.kokuho.or.jp/statistics/birth/2017-0620.html

国民健康保険中央会が行っていた出産育児一時金の事務は、2017年度から社会保険診療報酬支払基金が行っている。社会保険診療報酬支払基金のホームページから全国の出産費用に関するものは見当たらず、このデータが公表されている直近の出産費用といえる。

5　髙橋睦子、エイヤ・パーヴィライネン「ネウボラという取り組み──フィンランドにおける対話による支援」『こころの科学増刊「子ども虐待を考えるために知っておくべきこと」』2020；10；52－59

6　トム・エーリク・アーンキル、エサ・エーリクソン著　髙橋睦子訳『あなたの心配ごとを話しましょう──響きあう対話の世界』日本評論社2018

7　文部科学省「公立の高等学校における妊娠を理由とした退学等に係る実態把握の結果等を踏まえた妊娠した生徒への対応等について」2018年
http://www.mext.go.jp/a_menu/shotou/seitoshidou/1411217.htm

8　厚生労働省「子ども虐待による死亡事例等の検証結果等について（第16次報告）2020年

9　厚生労働省「人口動態統計」

10　厚生労働省「人口動態統計」（2019年）の出生数865,239人、地域保健・健康増進報告2018年度市区町村の妊婦健診受診実人員1,161,408人より計算。2019年の出産した親は、2018年の妊婦健診を受けたと仮定して計算。

11　公益社団法人母子保健推進会議「厚生労働省平成30年度子ども・子育て支援推進調査研究事業　予期せぬ妊娠に対する相談体制の現状と課題に関する調査研究報告書」2019年
http://bosui.or.jp/pdf/2018research.pdf

12　熊本市「平成30年度『こうのとりのゆりかご』の預け入れ状況について」2019年
http://www.city.kumamoto.jp/common/UploadFileDsp.aspx?c_id=5&id=24280&sub_id=1&flid=170960

13　一般社団法人全国妊娠SOSネットワーク：全国のにんしんSOS相談窓口
https://zenninnet-sos.org/contact-list

●インターネットの閲覧は、すべて2021年1月。

# 緊急避妊薬「アフターピル」

## コロナ禍の朗報、オンライン処方

佐藤拓代

　モーニングアフターピルとも呼ばれる緊急避妊薬は、避妊に失敗したあとに服用して、妊娠を防ぐホルモン剤です。日本では、卵胞ホルモンと黄体ホルモンからなる配合剤、あるいは銅付加子宮内避妊具（避妊リング／ IUD）が長く使われていました。前者ではホルモン量が中容量の「プラノバール」を服用するヤツペ法と呼ばれ、吐き気等の副作用が多いものでした。

　世界では、1999 年に FDA（アメリカ食品医薬品局）がより副作用が少ない黄体ホルモン単独製剤（レボノルゲストレル）を認可し、日本でも2011年に「ノルレボ錠」（レボノルゲストレル含有ピル）が承認されました。現在は1.5mg のノルレボ錠 1 錠を、性交後72時間以内のできるだけ早い時期に服用します。

　妊娠を防ぐ主な仕組みは、排卵を抑制することで受精を防ぐ、子宮内膜の増殖を防ぐことで受精した場合も定着しにくくする（着床阻害）ことです。製薬会社は、性交後72時間以内の服用での妊娠阻止率は81.0% で、消退出血（ホルモン減少により子宮内膜がはがれて出血）等が3週間までに起こることが多いとしています。

　避妊に失敗した、レイプにあったなどの緊急事態に緊急避妊薬は心強いですが、産婦人科受診が必要で、金額は健康保険適用ではなく約1万円以上と高額です。

　新型コロナウイルス感染症が蔓延して医療機関受診ができにくくなっていますが、2020年4月10日、厚生労働省は電話や情報通信機器を用いた診療等の時限的・特例的な取り扱いについて通知しました。緊急避妊薬は、麻薬及び向精神薬等ではなく、しかも1回の処方ですので、この特例的な取り扱いの対象となりました。

　現在、初診でもオンライン診療が始まり、処方箋も本人への郵送だけではなく薬局へのファクス送付も可能となっています。遠距離等で医師の診察が困難である場合でも、短時間で緊急避妊薬が手に入るようになりました。コロナ禍での数少ない朗報と言えましょう。

★厚生労働省：緊急避妊のオンライン診療ができる医師の一覧

# II

# 知っていますか?

日本の性と生の
現実／リアル

● 特定非営利活動法人 MC サポートセンターみっくみえ代表
助産師

松岡典子
まつおかのりこ

10代・若年の性と妊娠・出産

# 誰にも相談できない妊娠に悩む少女たち

## 妊娠は自業自得？ なかったことにしたい妊娠

## 1 変化する10代の妊娠 ── 現状と背景

### ● 減っている10代の性交体験

　10代の妊娠は「クライシス」の事態に至るケースも多く見られます。本稿では、日本の10代の妊娠の現状を概観しながら、「妊娠クライシス」に至る背景と今後の課題を考えていきたいと思います。まずは、若者の性交経験率や10代の出産件数[1]、10代の人工妊娠中絶件数[2]などから現状を見ましょう。

　10代という年齢は性的発達の大きな変化を経験する時期であり、さらに精神的な未発達さからも、さまざまな予期しない事態に遭遇することがあります。

　現代の若年者の性行動については、2000年後半頃より異性に対して関心をもたず恋愛に受け身な男性を「草食系」男子と呼んだりし、それをマスコミでも取り上げたりするようになりました。一般社団法人日本性教育協会は、1974年からほぼ6年ごとに青少年の性行動に関する調査を行っており、2017年に実施した第8回の調査報告[3]によると、「性的なことへの関心の有無」

図1 ● 中・高・大学生の性交体験率と 10 代の人工妊娠中絶件数

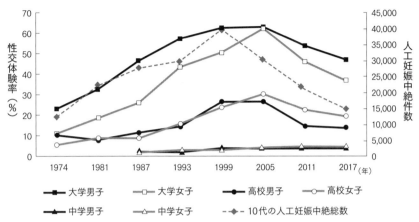

出所：一般財団法人 日本性教育協会（JASE）「第8回青少年の性行動全国調査」委員会「青少年の性行動 わが国の中学生・高校生・大学生に関する第8回調査報告」2018年
厚生労働省「衛生行政報告例」

について、関心をもった経験があると答えた生徒・学生の傾向は 2005 年までは横ばいでしたが、2005 年以降、中学生、高校生、大学生ともに低下傾向にあります。特に高校生女子の低下は著しく、1999 年と 2017 年と比較すると、関心があると答えた割合は約 2 分の 1 になっています。

　また、10 代の性交体験率は、高校生男女、大学生男女ともに 2005 年をピークに大幅に低下しています（**図 1**）。特に大学生女子と高校生男子の低下が顕著で、大学生女子は 2005 年の 62.2％から 2017 年の 36.7％と大幅減、高校生男子は 2005 年の 26.6％から 2017 年には 13.6％と約半数となっています。参考までに、**図 1** には性交体験率の各調査年度における 10 代の人工妊娠中絶件数を掲載しましたが、これによると人工妊娠中絶手術件数は 1999 年頃から減少し、2017 年では 1974 年の調査開始時レベルまでに低下しています。

　10 代の中絶について年齢ごとに見ると、2006 年頃より 15 歳から 19 歳の

## 図 2 ● 10 代の人工妊娠中絶件数

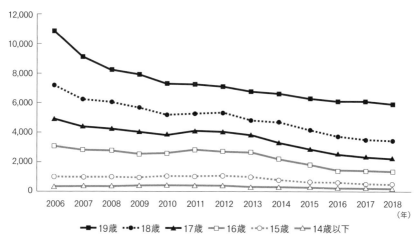

出所：厚生労働省「衛生行政報告例」

## 図 3 ● 10 代の出産件数年次推移

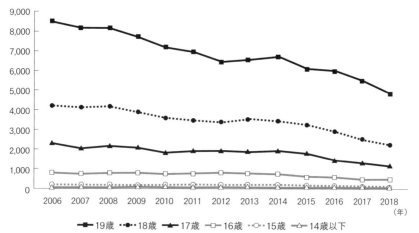

出所：厚生労働省「人口動態調査」

人工妊娠中絶件数は減少傾向ですが、14歳以下と15歳は、ほぼ横ばいとなっています（**図2**）。また、2000年の10代の出産件数は19,729件ですが、その後は減少傾向にあります。特に2006年頃より16歳から19歳の件数は減少傾向にあります（**図3**）。この背景としては性教育の普及もあるかもしれませんが、それ以上に性交を体験しない割合が高くなっていることの影響があるのではないかと推察します。その一方で、性的発達が未熟であり、その年齢での妊娠には多くのリスクを抱えるであろう14歳以下と15歳の妊娠が減っていない（横ばい）という事態は、たいへん憂慮されます。

### ●19歳を境に逆転する人口妊娠中絶数

　10代の妊娠の場合、出産を選択するより人工妊娠中絶を選択する割合のほうが高いのも特徴です。特に18歳までは妊娠総数（人工妊娠中絶件数と出産件数を足したもの）における中絶割合が出産割合より多く、しかしその傾向は19歳になるとほぼ同率になります。つまり、10代の妊娠における出産件数と人工妊娠中絶件数は19歳を境に逆転する傾向にあり、その背景としては「高校卒業」というライフイベントの存在と、19歳以降の出産が社会的に許容されることが大きいのではないかと考えられます。

　また一方で、10代前半の妊娠の多くが「予期しない、本人が望んでいない妊娠」であると推察され、その中には性虐待・性暴力の被害ケースも見られます。性虐待や性暴力は子どもにとって重大な人権侵害であり、その後のケアや支援が十分でない場合、精神的に大きなリスクを抱え、おとなになっても社会に適応できなかったり長期間にわたって生きにくさを抱えたりすることがあります。

### ●第1子のみではない10代の出産

　10代の出産は第1子出産ばかりではありません。2018年の人口動態調査によると、15歳で第2子出産が1件、16歳で第2子出産は11件、さらに17歳で第3子出産が3件、18歳で第4子出産が2件ありました。

　これら10代での出産はさまざまな課題を抱え、子育てが困難なこともあ

りますが、そのようなケースばかりではなく、周囲の助けを借りながら若年であっても複数の子どもを育てている人もいます。ですから、若年出産すべてが「問題」であるわけではない、ということはここで述べておきたいと思います。しかしながら、10代前半の妊娠は、出産あるいは人工妊娠中絶どちらを選ぶにしても、母体にとって精神的・身体的負担は大きいと考えられます。そのため特に10代前半の妊娠ケースは、周囲のおとながしっかりとその子どもを支え、必要かつ十分な情報をわかりやすく提供し、時間をかけて寄り添う必要があります。そして、関係機関の支援については多機関で連携して行わなければなりません。

● 求められる要保護児童地域対策協議会での対応

　下記に、15歳のA子さんの事例を紹介しますが、これらは特定のケースを提示しているものではありません。

　相談窓口の対応として、母親に対し、「問い詰めない」「叱らない」対応をするように話しました。特に親子関係が希薄なケースは、その場で親が責めるような言葉をかけると、再度家を出てしまうことになりかねず、そうなると少女が誰にも知られないまま出産し、0日目の虐待死に至るリスクも出て

【A子・15歳】若年の予期しない妊娠

　中学は不登校で、家出をくり返していた。今回も2か月家に帰らず、突然帰宅、母親が娘のお腹が大きいことに気づき電話相談に至った。

　相談員より、産婦人科受診を勧められ、A子は母親と産婦人科を受診。妊娠28週であった。A子は産婦人科医に「インターネットで知り合った他県の男に会いに行き性行為をした。その後その男とは連絡が取れない。親はいつも一方的に怒るばかりで大嫌い。だから相談もしたくない」と話した。

　その後は無事出産となったが、父親は何度か「相手からお金を取らないと気が済まない」と怒りをあらわにしていた。

　生まれた子どもについては、「相手がわからない子どもは育てられない」というA子の両親の意向で、特別養子縁組となった。

　2004年改正児童福祉法による、要保護児童等への適切な支援を図ることを目的に地方公共団体が設置する機関。構成関係機関等に守秘義務を課し情報の提供等を求めることができ、地域ネットワークによる支援を行う。

きます。時に若年者に妊娠に至った状況などを聞く場合、家族以外の人に任せたほうがうまくいく場合も多いのです。

　一般的にこのようなケースは、児童福祉法による「特定妊婦」として要保護児童地域対策協議会で扱い、母子保健・児童福祉の観点から連携して支援をする必要があります。学業の保障も必要ですが、このケースのように不登校の場合は、学校に登校している場合よりさらに困難さを抱えます。10代前半の妊娠の場合、親の意向が優先されることがあるため、このケースのような場合、本人は意思を表明できているのか、できているとしたらそれが尊重されているのかどうかが気になるところです。

● 「中絶したいがお金がない」少女たち

　また、予期しない妊娠に関する相談現場では「中絶費用がない」という相談も少なくありません。日本では、人工妊娠中絶は母体保護法による適応条件があり、その場合にのみ、指定医師による手術が認められます。

　しかし、実際、中絶手術の費用がないとき、少女たちはどうしているのでしょうか？　性行為の相手に要求したり、友だちや仲間に工面を頼んだりしても、高額な中絶費用をすぐに捻出できるとは限りません。親に話せない少女たちは、自分で何とかするしかないのです。費用は妊娠週数、医療機関等によっても異なり、たとえば、妊娠初期で10数万円、妊娠12週以降は20数万円以上かかるところもあります。

　性風俗店に勤務経験のある男性から聞いた話によると、「中絶したいがお金がない」と訴える女子は、次のような流れで、いとも簡単にキャッチできるとのことです。

SNSなどで「中絶費用工面します」という書き込みをすると即反応があり、連絡をよこした少女に対して「親切な人」を装い、まずは現金で中絶費用を渡します。

➡️ お金がなくて中絶ができない状況にある少女たちは、わらをもつかむ思いで現金を受け取り、中絶手術を受けます。

➡️ 少女はその借金を理由に、その後、風俗業に従事することとなります。

➡️ 結果として、この業界から抜け出せなくなり、「中絶費用を出してくれるところがある」という情報は若年者間で共有されていきます。

このように、性風俗業界とは無縁の少女たちも、「中絶費用」をきっかけに取り込まれていくことがあります。

## 2 高校生の予期しない妊娠・出産と学業継続

まずはケースを見てみましょう。

### ● 初めての文科省「妊娠による高校退学調査」

文部科学省は在学中の高校生が妊娠した場合、学校がどのような対応をしているのかについて初めて全国調査を実施し、その結果を 2018 年 3 月に公表しました。[5] それ以前も高校中退の実態調査はあったものの、中退の背景として「妊娠」があるのかについての調査はありませんでした。文科省がこの調査に踏み出した背景には、2016 年京都府立高校にて、妊娠した女子生徒に対して学校側が「卒業のためには体育の実技が必要」と伝えた事案を、マスコミが大々的に取り上げ、この問題が一気に社会に知られたことがあります。社会的に今までフォーカスされることのなかった「妊娠した女子高校生が妊娠継続と出産＝退学」という構図が本当にこれでよいのか、という議論に拍車がかかることになりました。

公表されたデータでは、2015 年 4 月 1 日から 2017 年 3 月 31 日までのあいだに妊娠の事実を学校が把握した件数は 2098 件でした（**表 1**）。

表1 ● 妊娠の事実を学校が把握した生徒数

| 高校種別<br>妊娠した生徒数 | 全日制 | 定時制 |
|---|---|---|
| 学校が把握した<br>妊娠した生徒数 | 1,006 人 | 1,092 人 |

資料：文部科学省「公立の高等学校(全日制及び定時制)における
妊娠を理由とした退学に係る実態把握結果」2018 年

## B子・高校1年生 妊娠継続と学業の中断

　母子家庭で育つ。同じ高校の3年生のC男と半年前からつきあい、何度か性行為、妊娠に至った。

　C男に伝えたところ「高校生だから無理、中絶してくれ」と言われた。B子は2人で将来の話もしていたので、産んでもいいと言ってくれると思ったが、C男の対応に落胆。B子は中絶を迫るC男に対し「中絶した」と嘘をついた。その後B子は学校にも行けず悩んでいた。

　ある日思い切って養護教諭に相談。すでに人工妊娠中絶ができない週数になっていた。その後養護教諭は担任に相談、担任は教頭や校長へと話をした。本人が母親には「絶対話せない」と言うので、担任が母親へ連絡し、同時にC男とその親も呼び出されることとなった。C男の親はたいへん驚いたが「このままC男を受験勉強に専念させたいので、お金で解決したい」と言った。さらにC男は「中絶した」というB子の言葉を信用していたため、B子の嘘を責めた。C男の親は何とか今回のことはなかったことにしたいという思いで、出産等の費用の支払いには応じることとした。

　学校側はその後、B子と母親に対し「今後お腹が目立つと、ほかの生徒に知られるのもB子にとってもよくないのでは？」と、暗に妊娠の事実をほかの生徒に隠すように勧めた。B子は失意の中で退学を選択するしかなかった。その後C男は希望の大学に合格し地元から出ていった。子の認知については、B子の母親が弁護士に相談したことで、結果としてはC男が認知することになりC男の親が養育費を支払うことになった。B子は出産後、自分の母親の助けを受けてシングルマザーとして子どもを育てている。いつか高校にもどりたいと思っている。

この調査によると、妊娠を理由に「懲戒退学」の処分を行った事案はなかったものの、「生徒や保護者が引き続きの通学を希望していたにもかかわらず学校が退学を勧めたケース」が18件、「生徒や保護者の意思を確認したが、明確な意思表示がなく学校が退学を勧めたケース」が14件ありました。このように計32件が、学校が退学を勧めた結果「自主退学」となったケースです。また自主退学となったケース以外に、妊娠を理由にした懲戒処分（自宅謹慎や学校内謹慎や別室指導など）を受けた生徒は95件でした。

　ただ今回の調査対象は、妊娠の事実を学校が把握した件数となっており、実際は学校が把握できない妊娠もあるため、実態としてはこの件数より多いと考えます。そして、やはり高校生の妊娠は、退学とまではいかなくとも何らかの処分を受ける行為である、と考えられていることがうかがえます。

● 文科省通知「妊娠した生徒に対する具体的な支援のあり方」

　この調査結果を受け、文科省は2018年3月29日に全国の教育委員会等宛てに「公立の高校における妊娠を理由とした退学等に係る実態把握の結果等を踏まえた妊娠した生徒への対応等について」という通知を出し、学業継続を基本とした適切な指導をするよう学校に要請しました。「生徒が妊娠した場合には関係者間で十分に話し合い、母体保護を最優先としつつ、教育上必要な配慮を行い、さらに生徒自身に学業の継続の意思がある場合は、安易に退学処分や事実上の退学勧告などの対処は行わないこと」としています。[6]

　また、妊娠した生徒が退学を申し出た場合には、退学以外に休学、全日制から定時制・通信制への転籍や転学といったような学業を継続するためのさまざまな方策があり得ることについて必要な情報提供を行うように通知しています。そのうえで、「妊娠した生徒に対する具体的な支援の在り方」として、生徒や保護者と話し合い、生徒の状況やニーズを踏まえながら、学校として養護教諭やスクールカウンセラーらも含めた十分な支援を行う必要があるとしています。また、体育実技などの身体活動を伴う教育活動においては、生徒の安全確保の観点から工夫を図った教育活動として、課題レポートなど

の提出や見学で代替するなど、母体に影響を与えないような対応を行う必要があるとしています。

　さらに、妊娠を理由として退学をせざるを得ないような場合であっても、再び高校などで学ぶことを希望する者に対しては、高校等就学支援金などによる支援の対象となり得ることや高校卒業程度認定試験があること、就労を希望する者や将来の求職活動が見込まれる者に対しては、ハローワーク及び地域若者サポートステーションなどの就労支援機関があることなどについて、情報提供を行うよう求めています。その後は、学校教育活動全体を通じて、生徒が性に関して正しく理解し適切な行動をとることができるよう性に関する指導を行うこととしています。

　通知から2年経た2020年現在、教育現場の努力で妊娠した生徒の学業継続は以前より改善が見られるという声も聞く一方、人知れず退学していく生徒がいるのも事実です。まだまだ現場の意識を変える必要があります。

● **学業中断が及ぼす仕事や人生への不利**

　高校生の学業の中断はその後の就職などに不利になり、結果として貧困に至ることもあります（**図4**）。そのためできるだけ学業中断をさせない、させたとしても、そのまま学校が放置せず、ていねいにその生徒のためにサポートをするよう勧める本通知は、学校現場の対応の指針になると考えます。

　**図4**のように、高校中退で安定した職や収入を得ることはハードルが高い可能性があり、また妊娠や出産期には一般的にハローワークで就職を探そうとしても、扱ってもらえないのが現状です。

　そのため、妊娠した高校生の学業継続に対するこれら対応策が確実に実行され、妊娠した生徒が不利益を被ることがないようにしなければなりません。多くの教育の現場で取り組んでいただきたいのは、高校生の妊娠に遭遇したら誰かがその生徒とともに妊娠を受けとめ、本人の自己決定を支え、家族も含め関係機関との調整役などの役割を果たすことです。また、学校内でこれらのことについて十分なコンセンサスを得ておくことも重要でしょう。

**図4●中・高校生の妊娠と学業継続の経過イメージ図**

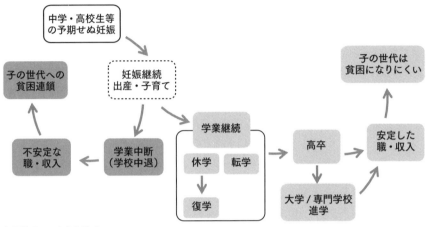

松岡典子・田中実花作成

## ● 自己決定のサポート、実習や託児への配慮も

　次に、通知にある体育実技の代替について、普通高校では体育実技のみですが、農業／林業・水産・工業系の高校の場合「総合実習」という教科があり、体育以上に体に負担のかかる授業（実習）があります。このことにも配慮が必要であることは言うまでもありません。また、在学中に出産育児をしていく生徒にとって、経済的な問題と同時に、子育て支援環境の整備（たとえば、定時制高校に通いながら子育てをしている生徒の、通学や学習時間における「託児」の問題等）は重要です。

　学校は、妊娠した生徒が退学、転学したら終わりとせず、その後もできる限り、地域の各機関と連携し継続的にサポートする必要があります。そうすることが、本人が学習の場にもどりやすい環境をつくることにもなると考えます。

　また文科省通知には、本人が自己決定できるようサポートする、とありますが、そのサポートをする側に偏見等がないかについては大切な視点です。通知には、「生徒や保護者の意思」と書かれていますが、若年者が妊娠した

52

場合、本人の意思と保護者の意思が異なる場合があり、中には対立したまま保護者の意向が優先される場合があります。基本的に、本人の葛藤する気持ちを受けとめ、ある程度時間をかけ、必要十分な情報を与え、自己決定を支える必要があります。

● 男子生徒への指導の必要

一方でこの調査は、相手の男子は調査対象になっておらず、実態はわかりませんが、女子生徒ほどは退学になっていないのではと推察します。

前述の日本性教育協会発行の調査からも、若年の性行為の相手は同年代の場合が多く、中学生の性的接触の相手は同い年の割合が男子8割弱、女子約5割、同様に高校生も相手が同い年が男子7割強、女子6割と、中学生高校生ともに性行為の相手が同い年の割合が多いことがわかっています。しかし、その男子生徒について学校がどのような対応をしているのか明らかとなっていません。文科省の通知内に記載されている対応策の最後にある「生徒への性に関する指導を行うこと」の「生徒」には男子生徒も含まれているのでしょうが、妊娠は妊娠した女子生徒のみの問題ではなく、その相手にも目を向ける必要があります。

# 3　10代のコミュニケーションツールと性
## スマホ利用に潜む子どもへの性犯罪
● スマホ所持／小学生40%　中学生82%　高校生99%

10代の対面コミュニケーション能力が低下している要因の一端が、スマートフォン（スマホ）の急激な普及によるSNS（ソーシャル・ネットワーキング・サービス）等の利用にあると考えられます。SNSは若者のコミュニケーションに大きな影響を与えています。若者はSNSを利用することで、相手を見なくてもコミュニケーションでき、直接話をすることを避けることができます。また本名を出さずとも願望・欲求を達成することも可能となります。そうなると架空の人になりすまし、他者を誹謗中傷することに抵抗感が薄れる

ことも考えられます。

　スマホ利用の実態について、内閣府が実施した「青少年が安全に安心してインターネットを利用できる環境の整備等に関する法律」による全国調査によると、2019 年度の小学生、中学生、高校生のスマホ専用率は、それぞれ40.1％、81.8％、98.6％で、小学生でも自分専用のスマホを４割の子どもが持っていることになります。インターネットの利用機器もパソコンではなく、スマホが最も多い状況となりました。

● **あらゆる情報に自由に長時間、さらされる子どもたち**

　また、小・中・高校生の保護者への調査では、有害サイトへのアクセスの制限となるフィルタリングの利用は半数にも満たない状況でした。加えて、インターネットの利用時間はいずれの年齢でも年々増加傾向で、11 歳以上になると１日の利用時間２時間を超えています。さらに中学生の平均利用時間は３時間を超えます。学校に持ち込むことが規制されているため、帰宅後多くの時間、機器にふれていることがわかります。これらから、インターネットによる情報収集はより身近な（常に手に持つ）機器で行われ、親の目が行き届かない状況で長時間利用されている実態があります。

　国内の情報セキュリティメーカーのデジタルアーツ株式会社が 2017 年に行った未成年者 618 人対象のインターネット調査によると、SNS で知り合う人と実際に会う（リアルな出会いにつなげたい）と希望する子どもの割合は、全体で５割弱、特に女子高校生は 53.3％がそれを希望しているという結果でした。ネット上で知り合った人に直接会いに行き、性被害等にあう事件が多い背景に、このような少女たちの存在があることがわかります。

　これらの調査結果からも、多くの子どもたちは日々有害無害にかかわらず、あらゆる情報にさらされていることがわかります。

　さらに性に関する情報やサイトには、刺激的な映像や動画、また暴力的な性描写も多くあります。性的に未発達な子どもたちがくり返しそれらを閲覧することは、性への認知や性発達にゆがみを起こすこともあり、それがさら

なる性犯罪の被害や加害を起こす可能性もはらんでいます。

● **SNSを通じた性被害の激増**

　子どもへのインターネット犯罪に関しては、2008年「出会い系サイト規制法」の改正によって、それ以前にあった出会い系サイトに起因する子どもへの性犯罪数は激減しました。しかし一方で、SNSで知り合った相手からの性被害の数は激増しています。

　2019年度にコミュニティサイトが起因して性被害にあった児童数は、過去最高の2082人でした[9]（**図5**）。ただしこれは警察で把握している件数であり氷山の一角にすぎず、実際はこの件数以上だと推察されます。この調査によると、コミュニティサイト（Twitter、LINE、チャット等）による児童への被害は年々増加し続けており、特にTwitter（ツイッター）を介したの被害児童は、2015年から3年間で約2倍に増えています[10]（**図6**）。また総務省が2019年度に実施した「情報通信メディアの利用時間と情報行動に関する調査」[11]によると、13歳以上の調査対象者の69%（約7割）がTwitterを利用しています。このTwitterを介して子どもが被害にあっている実態を保護者も含めて知り、早急に対策を講じる必要があります。

● **児童ポルノ被害・自撮り被害の増加**

　被害内容の内訳は、児童ポルノが増加しており、相手に送った自身の裸や下着姿の自撮り画像が拡散され、また、その画像による恐喝被害も報告されています。このような「自撮り被害」の被害者は中学生が半数を超えています。実際に、自分の裸の画像を送った相手から「削除してあげるから会おう」と呼び出され、被害者である子どもは当然削除してほしいと思っているため、相手の言うとおりに会いに行き、結果、性被害にあったケースもありました。

　また、SNS上で自分の悩みの相談に乗ってくれた女性を、同性・同年代と信じてやり取りをしていたところ、相手から「私、おっぱいが小さいので悩んでいるの。あなたのおっぱい見せてくれない？」と言われ、役に立ちた

## 図5 ● [SNS]罪種別の被害児童数の推移

（人）
■ 児童福祉法　▨ 青少年保護育成条例　▨ 児童買春　▨ 児童ポルノ　■ 重要犯罪　☐ SNS 合計

注：近年増加傾向にあったSNSに起因する被害児童数は前年比で横ばい。
出所：警察庁生活安全局少年課「令和元年における少年非行、児童虐待及び子どもの性被害の状況」
2020年

## 図6 ● [SNS]被害児童数が多いサイト

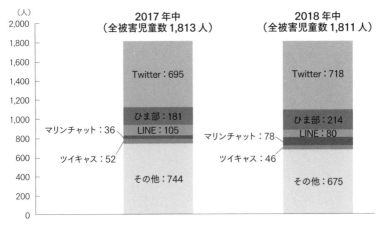

注：「Twitter」に起因する被害児童が約4割。
出所：警察庁生活安全局少年課「平成30年におけるSNSに起因する被害児童の現状」2019年

いと思ってか、その少女は自分の上半身裸の写真を送ってしまいました。すでにおわかりかと思いますが、この加害者は被害者と同年代の少女ではなく、実は年齢も高い男性でした。このように、加害者は巧みに言葉を駆使し、信用させ、時に被害者の良心に訴えるやり方で卑劣な行為に至っています。加害者からすれば、判断力も未熟な子どもたちは、容易にだますことのできる相手となっています。

さらに、自撮り被害の画像はいくつかのコミュニティサイトに拡散される被害も多く、信頼した相手と思って送った画像がいつの間にか学校中に拡散されていた、というケースも少なくありません。そのような被害にあった子どもたちは精神的なダメージを受け、不登校等に至ることもあります。

● 支え、守るおとなであることを子どもに示す

このような事態になったとき、被害者は誰に相談するかと言えば、当然誰にも相談しないのです。相手に呼び出された後、強制的に性交され、妊娠というケースもありますが、このようなケースが親や適切な機関への相談行動に至ることはきわめてまれで、事態は深刻化してから発覚することも多いのです。コミュニティサイトによる子どもの性被害が表に出にくいのは、被害者自身が自分の行動によって引き起こした結果であると認識しているがゆえに「自分が悪い」、そして「もしばれたら親にひどく怒られる」と考え、親などに相談しないからだと思います。

これらの対策として、子どもに対して、一度も会ったことのない人に自分のプライバシーに関することは絶対に教えないこと、そして本当の友だちは裸の写真や下着の写真をほしいとは決して言わないということを教え、そのような写真がほしいと言ってきた時点で、やり取りしてはいけない危険な相手なのだと、くり返し伝えます。また、実際にあった被害状況について、具体的な事例の経過を交えながら、自分にも降りかかる可能性があることだと伝える必要があります。ネット上だけの親友や恋愛は成り立ちにくいことも日頃から注意喚起をします。

しかしそうは言っても、SNSは子どもたちにとって魅力的なコミュニケーションツールであることも事実なので、それについては理解を示すことは重要です。

大切なのは「事」が起こったときの「対応」であり、おとなが常日頃、子どもの行動に対して「こういうことはやってはいけない！」とか「絶対ダメだ！」といった禁止の言葉で指導するだけでは（もちろんその指導で行動が制御できる子どももいるでしょうが）、被害にあったときに相談できるとは限りません。また、ある子どもが被害にあったときに、教師はそのことについて注意喚起の意味でほかの子どもに、被害者の行動を強く批判、または非難すると、もしその集団に同じような被害にあった子どもがいても、そのようすを見れば、きっとその子は「叱られる」と思うでしょう。結果、同様にその後、別の子がそのような被害にあったとしても、やはり相談しないのではないでしょうか。

子どもは常におとなの対応（起こった事態に対しておとながどのように対応するか）をよく見ています。そのため、被害にあった子どもに誰かに相談をするように促すためには、おとながしっかりその子どもを「支え、守る」ということを「見せる」ことだと思います。

## 月経管理アプリの利用と普及に潜むリスク
### ● 避妊の失敗の背景に月経管理アプリが？

思春期相談や予期しない妊娠の相談現場で、最近よく耳にするようになったのが、「月経予測アプリ」です。最も利用されている「ルナルナ：無料生理日予測アプリ」は、2018年に利用ユーザー数が270万を超えました[12]。これらを若者はどのように使っているのでしょうか？

関東地方の女子大学に在籍する1年生538人を対象とした藤田佐知恵らの調査では、月経記録をしていた者が337人であり、そのうちアプリを利用していた者は222人、アプリ以外のスケジュール帳等紙媒体を利用していた者[13]

は115人でした。月経記録をしていた337人のうち、月経記録の目的で最も多いのが「次回月経開始日予想」（66.0％）で、「周期に伴う心身変化把握」「排卵日予想」と続きます。

　一方、月経記録をしていた者のうち、アプリ利用者とアプリ以外の利用者とで比較すると、月経記録の目的として「次回月経開始日予想」「排卵日予想」「避妊目的」をあげる者は、アプリ利用者のほうが有意に多いという結果でした。藤田らは、月経管理アプリの利用目的においては、アプリの情報を過信しないよう指導する必要があると述べています。

　特に月経周期が不安定な10代の時期、このアプリデータで避妊行動をとるか否かを判断する根拠とするにはリスクを伴うことを、教育現場における性教育等の機会に話をしていくことも必要です。

　一方で、若年者の自分の体への無関心さを危惧する声も聞こえる中、リスクを抱えやすい生徒に対し、養護教諭がこの管理アプリをその生徒にダウンロードさせ、性に関する意識づけとその管理に役立てているという実践も聞いています。いずれにしても、利用についてはリスクも含めて正しく理解し、適切に使うよう教育することが重要です。

## 避妊薬、経口妊娠中絶薬のネット購入による健康被害

### ● 医師の処方箋なしで入手可能？

　思春期相談や予期しない妊娠の相談に関わっていると、相談者から避妊に関する相談を受けることも少なくありません。その中で最近、経口避妊薬や緊急避妊薬などを知り合いからもらって飲んだとか、インターネットの個人輸入で購入したなどという話を耳にするようになりました。日本では、インターネット販売の医薬品はドラッグストアなどで販売されている「一般医薬品」のみとなっており、経口避妊薬や緊急避妊薬は医師の処方箋なしでは購入できません。

　しかし、海外からの「個人輸入」となれば医師の処方箋なしで手に入れる

ことが可能となります。ただし個人輸入とは言っても個人輸入「代行業者」からの購入となり、中には信頼性が保証されず、偽薬品などの販売も見られ、それによる健康被害も報告されています。

● **個人輸入について厚労省からの注意喚起・制限**

　厚生労働省も、ホームページ「医薬品を海外から輸入しようとされる人へ」[14]で注意喚起を行っています。日本国内では認可されていない経口妊娠中絶薬について、厚労省は、2004年から「ミフェプリストン」を含有する経口妊娠中絶薬のうち、アメリカ合衆国、EU、中国、台湾で販売されているものを指定し、医師の処方に基づくことが確認できた場合を除き、個人輸入を制限する措置をとっています。ところが、2018年4月に、インターネットで購入したインドの経口妊娠中絶薬を服用した女性が健康被害にあったことから（『日本経済新聞』2018年5月15日付）[15]、厚労省は経口妊娠中絶薬を安易に個人輸入して使用することがないよう改めて注意喚起を行うとともに、インドで製造されている製品についても、同様に個人輸入を制限するための指定を行いました。

　ネットによる薬の購入は便利で利用しやすく、また誰にも知られず（医療機関にも行かず）服用することができるという利点もありますが、反面、そこに潜むリスクも少なくありません。それを踏まえたうえで適切に利用しなければなりません。

　厚労省は2019年5月の「オンライン診療見直し検討会」において緊急避妊薬のオンライン診療による処方を可能とするように検討し、緊急避妊薬は限定的（近くに処方を受ける医療機関がない〈地理的な要因〉のほか性犯罪による対人恐怖がある場合）にオンライン診療での処方を求めるようにしていくとしました。限定的とは言え、このような動きが始まることは適切な医療を受けるきっかけとなることでしょう。➡ **40ページ「コラム0　緊急避妊薬」**

　現代社会において私たちおとなは、急激に広がるネット社会のさまざまなリスクにアンテナを張りめぐらせ、子どもたちの置かれている状況をより

いっそう理解し、子どもたちから「話が通じない」と言われないようにし、子どもをリスクにさらさない関わりやその教育をしなければなりません。

## 4 妊娠を放置する背景、医療機関とつながらない要因と対策
### 若年者が妊娠を放置する社会心理的背景

　出産後０日目の虐待死事例の加害者の背景として「予期しない妊娠／計画していない妊娠」がありますが、それらにはそもそも「妊娠していると思っていない」状況のまま放置していたケース、「妊娠していると認識している」にもかかわらず放置するケースとがあると考えます（図7）。

● **妊娠に気づかずに出産に至るケース**

　まず妊娠後期まで本人が妊娠に気づかず出産に至るケースですが、このようなケースが報道されると「出産するまで妊娠と気づかないなんてありえない」という声を多く聞きます。しかし実際には、長いあいだ若年妊娠に関わっていると、本当に本人が気づいていないケースがあるのです。

　それには少女たちが自分の体や性器等の変化に、無関心・無知であることが背景にあります。一般的に妊娠した場合、次の月経が来なくなることで「妊娠」が予想できますが、10代前半で初経が来て間もない少女の月経周期は不安定に経過することも多く、そのため月経が来なくても妊娠が心配な状況と認識していない、ということがあります。

　さらに妊娠しているにもかかわらず、「生理（月経）は来ていた」と話すケースも見られます。「何回か出血があったから生理（月経）は来ていた」と言うのですが、このようなケースは、妊娠期にしばしば見られる不正性器出血（ごく少量の出血）を月経と認識しており、「月経が来ている」だから「妊娠ではない」という判断をしているのです。

　性行為についても、驚くほど無知な子どもたちと遭遇することがあります。ある少女は「下着を脱がされ（性器を）さわられたあと、何かされたが、何かはわからない」と話しました。もちろん、本当は性行為とわかったうえ

**図7●10代の予期しない妊娠のその後のプロセス例**

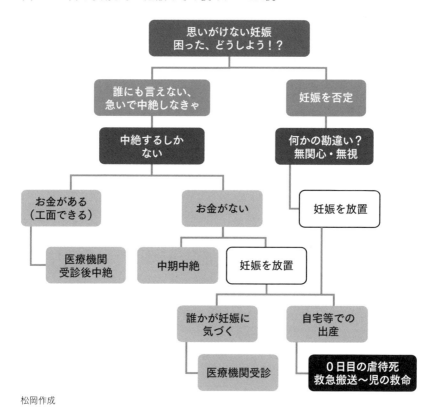

松岡作成

でこう発言していることもあるでしょう。しかし、性交の意味や行為を具体的にはまったく理解せず、それがどういう事態になるかもわかっていないことも多いと、私は感じています。

　このような背景から、少女たちは妊娠に気づかず、ある日急に腹痛が出現、時には「下痢かも？」と思ってトイレに駆け込み、その後出産に至ることとなります。そのときの少女の衝撃は想像を絶するものでしょう。

## ● 妊娠に気づいても相談できずに出産に至るケース

　一方で、本人が妊娠に気づいていても家族を含め誰にも相談しないで経過する場合があります。その理由に妊娠の経緯に問題（性暴力や相手が誰かわからない、相手が親も含め身近な存在など）があり、誰にも相談できないという場合や、そもそも家族と関係性が悪く、家族が相談する相手にはならない場合も見られます。

　これらの理由以外には、思春期特有の心理状況が影響しています。これは、思春期の身体的変化の前後に出現しホルモンバランスの不安定さによると考えられています。たとえば、イライラしたり、反対に理由もなく落ち込んだり、コントロールしにくい怒りを抱える心理的変化のことを言います。

　さらに思春期は、自分自身のアイデンティティの確立の過程において、親、特に同性の親に対して（それ以前の関わりに関係なく）批判的な視点をもち、それゆえに親に反抗する気持ちが強くなることもあります。幼少期からの関わりが不適切であればなおさら、子どもが自分の殻に閉じこもったり、暴力的な反抗の行動をしたりします。私が日々思春期の親からの相談を受けた経験や、保護司の経験で感じたのは、子どもに対して、有無を言わさず厳しく対応してきた親や、反対に放任してきた親の場合、特に思春期の親子関係がこじれやすいのではないかということです。こうして妊娠を誰にも相談できずに放置し、そのまま1人で出産に至る場合も見られます。

## ● 親には相談しない・できない

　これらいくつかの思春期特有の心理状況から、子どもは何か心配な事態や不安なことが起こっても、特に親には相談しないばかりか、何があっても隠し通したいと思うため、特に予期しない妊娠などの深刻な事態に至っても、発覚が遅れ、より深刻な事態に陥ることになりかねません。そして結果として、対応も遅れることになります。特に、10代前半の妊娠については、サポートが必要で、その役割を果たすのが親であるはずなのに、最もつながりにくいのが親となってしまいます。

ある少女は、親に話さない理由をたずねたら、「話したら家から出される
し、殴られるし、怖くて話せない」と言いました。残念ながらもともと親の
存在が自分を受けとめてくれる（助けてくれる）存在ではないと思っている
子どもたちも少なくありません。

　しかし反対に、いつも自分のことを何かと信頼して助けてくれる親だから
こそ、自分が妊娠したという話を伝えることができない、という子どももい
ます。自分のしたことで親を悲しませ、落胆させてしまうと悩んで話せない
と言います。このように関係性が悪くて相談できないばかりではないことも
わかります。この場合、親に話すように時間をかけながら励まし促していく
と、親に話ができることもあります。そんなとき「背中を押してもらってよ
かった」とその子は言います。きっかけがあれば話せる子どもたちもいます。
そして、親は妊娠の事実に驚きながらも、結果としてしっかり子どもを支え
対応する姿を多く見ることがあります。

● おとなの日頃からの声かけの重要性

　また、若年者の妊娠の場合、「いつかお腹の赤ちゃんはいなくなる…」と
思う（願望も含める）心理状態であることも見られます。このような場合、
本当は「どうしよう。何も手につかない。怖い」と毎日不安に思っているこ
ともあります。妊娠かもしれないと悩みながら不安を抱えて通学をしていた
生徒が、養護教諭に声をかけてもらい、「やっと話すことができる」と安心
して、泣き崩れたという話を聞いたこともあります。

　そのような生徒は、実は話を聞いてほしい、助けてほしいという思いを抱
えながら日々生活し、そのような人が現れるのを待ち望んでいたりします。
学校現場でいつもと違うようすが見られたり、元気がないように見える児
童・生徒に対してぜひ声かけをしてほしいと思います。「元気がないように
見えるけど、何かあった？」とオープンな気持ちと言葉で話を聞き、心配し
ていることを発信し続けることで相談につながることもあります。おとなの
日頃の声かけは、とても重要なのです。

## 妊娠を自己責任・自業自得と考える少女たち

### ● 妊娠を自己責任とする対等意識の低さ

　一方、親に相談しない子どもたちは、友人に相談するでしょうか。もちろん、友人に相談する子もいますが、友人どころか性行為の相手にも伝えていないケースも見られます。また相談現場では「妊娠は私のせい」「私が責任を取らなければ」と考える少女たちが多いのには驚かされます。さらに、親から何か失敗するたびに「自業自得！」と責められている子どもが、予期しない妊娠をした場合「私が悪い、自業自得だ」と自らを強く非難したり責めたりすることが見られます。このような子どもは、その後も自分自身を責め、苦しみ続けることになります。性行為が1人で行うものではないことは理解しているにもかかわらず、いわゆる「自己責任」、そして「自業自得」と思っている少女は多いのです。

　その理由として考えられるのは、恋愛関係の中での対等意識が低いせいではないでしょうか。人は恋愛関係や性関係をもつ際に、相手と対等な関係性をつくることが必要なのですが、その意識が低く、性に対して男子が主導的立場で女子は受け身である、と考えている子どもたちも多く存在しています。また、このことは少女たちの避妊行動が主体的にならない傾向が見られることでもわかります。

### ● サポートを受けにくい不登校の子ども、相談につなぐツール

　さらに、学校に行っていない子どもたちに至っては、当然ながら信頼できるおとなのサポートを受けにくいことなどから、より相談に至らないことが見られ、深刻な事態が放置される可能性が高いと考えます。

　相談行動につなぐためには、予期しない妊娠についての相談窓口の情報をインターネット上で検索しやすくしたり、周知のツール（カードやポスターなど）をカラオケボックスやゲームセンター、ネットカフェなど、子どもたちが出入りする場所に設置したりと周知をすすめる必要があります。

　また、相談を促す動画もあります。NPO法人 Child First Lab. による「妊

娠、どうしよう」動画です。YouTube でも公開されているもので、必要な
情報を心理的に受け入れやすいように、アニメーションで表現されていま
す。若者になじみのあるツールで理解を促す内容となっており、性教育など
の現場でも活用ができるものです。

## 医療機関とつながらない要因

### ● 受診費用と産婦人科受診のハードル

妊娠を周囲に相談しないまま1人で抱えてしまう場合は、医療機関とつな
がる機会をも逸する可能性があります。これについて、もう少し踏み込んで
考えてみます。

医療機関につながらない要因としては、そもそも家族関係が崩壊してい
る、あるいは親の世代の生活が破たんしている場合に見られます。

また医療機関の受診はお金が必要というのは誰でも知っています。その費
用を親に出してもらうには、その受診理由も説明しないとなりません。その
理由を親に言えなければ、必然的に受診は遠のくことになります。

さらに医療機関とつながらない要因としてもう1つ考えうるのは、診療科
のハードルです。一般的に子どもたちは、小児科や内科には受診する機会が
あったとしても、「産婦人科」を受診する経験はほとんどないと考えられ、
受診に抵抗があるのも当然です。

2017年6月に三菱財団の助成を受け、一般社団法人全国妊娠SOSネット
ワークの理事のメンバーで、ドイツの妊娠葛藤相談所の視察をした際に、相
談員がこの対策になりうる方法を教えてくれました。ドイツでは女の子が初
経を迎えたとき、親がその子を連れて産婦人科を受診し、今後、体や性の問
題があった場合相談できる相手として産婦人科医を紹介するそうです。この
ような方法は、まさに産婦人科の受診のハードルを下げることに役立つと考
えられ、日本でも大いに参考になるでしょう。

## ●医療機関につながらない具体的なケース

筆者が関わる「妊娠 SOS みえ（三重県委託事業）」に寄せられる若年者からの相談の中でも、医療機関受診への不安や抵抗感を訴える声は多いです。過去に中高校生から聞いた受診しない（できなかった）理由を紹介します。[17]

- 中絶したいが同意書がない（相手がわからない）。同意書は手術や入院など医療機関等で必要になってくるが、誰にも知られたくない妊娠の場合、最初のハードルが同意書の存在という場合も少なくない。
- 医療機関を受診するための費用やそこに出向くための交通費、人工妊娠中絶費用等がない（現在、費用を所持しているかだけでなく、周囲に工面してもらえる人がいるかどうかも含む）。
- 月経不順があるため、妊娠しているかどうかに気づきにくい。
- 「産婦人科は怖いから行けない。行きたくない」と考えている（普段なじみのない産婦人科への受診は勇気がいる。しかし誰かが同行することで受診可能となる場合がある）。
- 「（受診時）に医者からいろいろ言われるのがいやだ」（医師等から事情を根掘り葉掘り聞かれ、言いたくないことも言わなければいけないかと思うと受診が遠のく。過去に困ったことを相談して解決できたという経験の少ない場合は特に困難になる）。
- どこの産婦人科に行ったらいいかわからない（インターネット検索で診療情報を見て受診しやすいかどうかの判断をすることが多い。また住所地より離れた産婦人科医療機関を受診するケースもある）。
- 「（診察で）何をされるかわからないから怖いからいや」（診察の内容に不安を抱えることもある）。
- 「受診するためには保険証がいると聞いた。親に内緒で保険証は使えない。もし使ったら絶対ばれると聞いた」
- 病院（産婦人科）に行くとそれを誰かに見られるかもしれないと思うと受診できない。

**母親になる子どもと生まれてくる子どもの福祉**

　これらの声に対しての対策をとることで受診に至る可能性を探ることもできます。

　若年者の受診のハードルを下げることについて、産婦人科医の視点で種部恭子は、性教育の機会で伝えるべきこととして、本人の了解なく保護者や学校からの問い合わせに対して情報を伝えることはないということと、最初の受診にいくらかかるのか費用の目安を伝えておくこと、の2点が重要であると述べています。このことは性教育を行う者にとって、ぜひ取り入れるとよい内容だと思います。

　若年者の予期しない妊娠のその後の対策として、予期しない妊娠を避ける教育の推進（不登校児童・生徒のことも踏まえる必要性があります）や、そして若年者に対して避妊対策費用等の無料化の検討、また子どもの性的自己決定権の保障についての議論を深め、社会全体で若年者の妊娠を「非行問題」として切り捨てることのないような社会的認識を醸成しつつ、必要な法的整備へとすすんでいくことが望まれます。

　若年者の妊娠、出産は母親になる子どもの福祉と、生まれてくる子どもの福祉という2人の対象者の福祉問題として捉え、それこそ「妊娠期からの切れ目のない支援」の対象者として、妊娠期から子育て期まで継続的な支援をしていく必要があります。


## 5　性虐待被害、知的障がい、福祉施設内の子どもたちの問題

### ● 子どもを守る児童虐待防止法と刑法性犯罪規定の改正

　妊娠SOS相談の現場では。時には妊娠の相手が家庭内にいることが判明するケースもあります。父親による性行為については児童虐待防止法による「性虐待」とされますが、2017年に110年ぶりの刑法性犯罪規定の改正によって、監護者強制性交等罪が新設され、18歳未満の者に対して、現に監

護する立場に乗じて性交した場合、「暴行や脅迫」がなくても重大な犯罪となることになりました。児童虐待防止法において監護者とはその子どもの親となっていましたが、新設された監護者強制性交等罪の監護者は民法上の親子関係ではなくても事実上同居する親子と「認められるもの」からの加害もこれに含まれることとなりました。

また以前は、告訴しなければ検察が起訴できない、いわゆる親告罪でしたが、改正により非親告罪化したことも大きな改正点と言えます。これらによって重大な子どもへの権利侵害である性虐待が見過ごされることなく犯罪化されることが期待されます。

### ● 知的障がい者の性暴力被害

また、知的障がいのある女子が予期しない妊娠した場合で性暴力被害の場合もあります。実際に出産した場合、家族で生まれてくる子どもの養育ができる場合もあれば、そうでない場合もあります。そもそも相手が不明な場合や、知的障がい者ゆえ妊娠に至った経緯のなかで、自分の意思を表明しにくい場合も見られます。これらのことから妊娠の発覚が遅れる場合もあります。また、性犯罪の被害にあっている場合もあります。より適切に対応しなければなりません。

しかしながらどのような場合であっても、本人の意思を確認する段階を省いてはなりません。そのうえで家族も含め、その後についての対策を関係機関や支援者も巻き込んで対応していくことが望まれます。

### ● 児童福祉施設内で抱える問題

また、児童福祉施設に入所する子どもが予期しない妊娠することもあります。背景に、信頼できるおとなとの関係性が脆弱であることで、予期しない妊娠を他者に相談しにくいことがあります。この場合より深刻なリスクを抱える場合もあります。

ただ施設職員がその事実を知り、適切に対応できる場合はさまざまな支援を受けることもできます。しかし、本人が誰にも相談しない場合などは、そ

の状況のまま放置されることになったりします。職員が入所児童 1 人ひとりの体の変化などに気づくのは、本人が訴えない限り難しいこともあります。

　また妊娠した本人が、産婦人科受診に早期に至るかというと、実際自費診療の費用が負担となり、困難さを抱えることも多いと言えます。また入所者が、予期しない妊娠の予防のために、経口避妊薬を継続的に服用したいと思っても、やはり費用面で断念せざるを得ないこともあり、さまざまな点で危機的状況に陥りやすいのです。このことは早急に対応を講じないといけないととだと考えます。

## 6 新型コロナ禍の相談現場から見る若者の性

　2020 年 3 月頃から、新型コロナの感染拡大により日本のみならず世界の人々の命や健康を脅かす未曽有の事態が起こりました。政府が、4 月「緊急事態宣言」を出した頃、その影響は教育現場にも及び、急な休校措置がとられたことで子どもたち、保護者、教員たちは感染の恐怖に加え。大きな環境の変化にも対応しないといけなくなりました。

　実はこの頃、予期しない妊娠の相談を受ける窓口の相談件数が増加したという報道がされるようになりました。「妊娠 SOS みえ」相談窓口でも、感染拡大による生活面や心理面の影響が出だしたと言われ、2020 年 4 月、5 月の電話相談件数は 2019 年の 1.4 倍となり、10 代の子どもたちからの性や思春期の相談が増加しました。

　中には「休校でやることがないから彼氏と自宅で毎日 SEX して過ごす」「部活もなく暇。SNS で知り合った人と会った」など、明らかに新型コロナウイルス感染拡大の影響と思われる相談も入るようになりました。そして結果として「妊娠」を心配する声も聞かれました。

　またこの時期（6 月）に始めた LINE を活用した相談には、開始から 10 代の若者の相談が多く入り、月間相談件数が、電話相談の 1.5 倍の時期もありました。

新型コロナ禍では、すでに親との関係に脆弱性を抱えていたり、経済的困窮など、それまで表面化しなかった家族の問題が顕在化することもあります。世間で「ステイホーム」と言われても、子どもたちの中には「ホーム」が安全・安心ではないこともあります。普段でも思春期の子どもたちの不安定な心理状態にさらに負荷がかかることになり、友人たちとの会話なども制限される中、感情のやり取りができず強い不安を抱えたまま放置され、多くの時間をインターネット利用に費やしていきます。このようなことから、中には寂しさや孤独感を埋めるため、性行動に至るケースもあったのではないかと思います。

　また、通常、学校では外部講師を招き「性教育」を行うところも多いのですが、それも新型コロナ禍では早々に中止の判断がなされました。性の知識を正しく学ぶ機会も失うことになったと言えます。このような未曽有の事態でも、子どもたちの心と体の安全・安心が担保されるような仕組みや社会をつくる必要があります。

　現在、厚生労働省の研究班がこの時期の人工妊娠中絶手術に至る背景や経緯につい全国調査を行っています。[19]これで自粛期間の若者の性行動などを知ることができ今後の施策などに生かされることに期待をしています。

---

●注 --------------------------------------------------------

1　厚生労働省「人口動態調査」
2　厚生労働省　「衛生行政報告例」
3　一般財団法人 日本性教育協会 (JASE)「第8回青少年の性行動全国調査」委員会「青少年の性行動 わが国の中学生・高校生・大学生に関する第8回調査報告」2018年
4　特定妊婦については、第I章31ページ「キーワード 特定妊婦」参照。
5　文部科学省「公立の高等学校 (全日制及び定時制) における 妊娠を理由とした退学に係る実態把握結果」2018年
　　http://www.gender.go.jp/kaigi/senmon/jyuuten_houshin/sidai/pdf/jyu13-04-1.pdf
6　文部科学省通知については、巻末167ページ「関連法規」参照。
7　内閣府『令和元年度 青少年のインターネット利用環境実態調査報告書』2019年
8　デジタルアーツ株式会社「第10回未成年の携帯電話・スマートフォン利用実態調査」2017年

9 　警察庁生活安全局少年課「平成30年におけるSNSに起因する被害児童の現状」2019年

10 　同前

11 　総務省「令和元年度情報通信メディアの利用時間と情報行動に関する調査報告書」〈概要版〉

　　https://www.soumu.go.jp/main_content/000708015.pdf

12 　「ヘルスケアアプリ」市場の最新動向〜女性向けのルナルナ、AI活用のFiNC

　　ウェブマガジン「まなみな」より

　　https://manamina.valuesccg.com/articles/160　2019年2月19日

13 　藤田佐知恵ら「月経のセルフモニタリングにおけるスマートフォンアプリの効果的利用」『女性心身医学』(Vol. 22、No. 3、2018年) p.271〜277.

14 　厚生労働省「医薬品等を海外から購入しようとされる方へ」

15 　『日本経済新聞』記事「経口中絶薬で健康被害」2018年5月15日 (インターネット記事)

16 　NPO法人Child First Lab.作成：動画「妊娠、どうしよう」

17 　松岡典子「0次予防の必要性 —— 妊娠期からの虐待予防」日本外来小児科学会『外来小児科』Vol.23、2020年

18 　種部恭子「若年妊娠とその背景」(一般財団法人日本性教育協会『現代性教育ジャーナル』No.60、2016年) p.1〜5.

19 　厚生労働科学特別研究事業課題 (新型コロナウイルス感染症対策関係) の中で、「新型コロナウイルス感染症流行下の自粛の 影響 —— 予期せぬ妊娠等に関する実態調査と女性の健康に対する適切な支援提供体制構築のための研究」を公益社団法人日本産婦人科医会が受けた厚労省科研 (科学研究助成事業) 2020年。研究代表者：日本産婦人科医会常任理事・安達知子。

● **参考資料** ┈┈┈┈┈┈┈┈┈┈┈┈┈┈┈┈┈┈┈┈┈┈┈┈┈┈┈┈┈┈┈┈┈┈┈

一般社団法人全国妊娠ＳＯＳネットワーク『妊娠相談の現場で役立つ妊娠ＳＯＳ相談対応ガイドブック』第5版、2019年

一般財団法人 日本性教育協会『現代性教育研究ジャーナル』No.1、2012年

公益社団法人性の健康医学財団『性の健康』Vol.16、No.3、2017年／Vol.17、No.2、2018年

# アメリカ映画「JUNO／ジュノ」

佐藤拓代

女子高生の選択した自分らしい行動とは

[DVD]JUNO／ジュノ〈特別編〉

出演：エレン・ペイジ、マイケル・セラ
監督：ジェイソン・ライトマン
発売：20世紀フォックス・ホーム・エンターテイメント・ジャパン
2008年／1時間37分

## 高校生の妊娠と生き方を描く

ジュノ(Juno)は2007年にアメリカで公開され、2008年のアカデミー賞で最優秀脚本賞を受賞。全米でわずか7館のスタートから口コミで評判が広がり、2500館以上が上映したといいます。

公開から10年以上を経た映画ですが、その当時の高校生の妊娠と周囲の反応、生き方は時代を超え、国を越えて感動させるものがあります。

## 「えっ、妊娠?！」

16歳の女子高生ジュノは父親の連れ子(きょうだいとなる)で、再婚した両親には妹が生まれ4人家族です。反抗的な思春期でもあり、特段に仲のいい家族というわけではありません。性的に活発な同級生がいる中、活発ではないジュノが友だち以上恋人未満のブリーカーと興味本位の性行為を行い、たった1度で妊娠してしまいます。

まさかまさかと思い3度も妊娠検査を、しかも2リットル以上の大きな取っ手付きのボトルでジュースを飲んで検査しても陽性！　まわりの反応は「ドジしたね」。首つりをしようとしたができません。

おそらくは中絶が認められていない州だからだと思いますが、フェミニズムのような支援団体が行っている中絶場所を見つけ出します。

## 中絶をあきらめて

しかし、その玄関前には中絶反対のプラカードを持つ高校生らしき女性がいて、「中絶は殺人です。胎児は痛みがわかり爪も生えています」と訴える言葉に、特に「爪」が腑に落ち、中絶することを諦めます。まだ幼い感がある高校生のブリーカーは「君がしたいようにしたらいい」と言います。ジュノにはまだまだ先があり、将来何になるかも決まっていない自分が親に

なって育てるということは考えられません。

## 赤ちゃんを託す

　親友のリアに「おなかの子どもに爪があ
る」と、産むつもりだと話すと、「赤ちゃん
を欲しがっているカップルに育ててもらっ
たら？」と言われます。タウン情報誌（「養
子求む」の欄があるのがすごい）で、写真も載
せている美男美女がよい親になりそうで
気に入ります。連絡を取ると2週間前に載
せたばかりで、高級な自宅で迎えられ、こ
の夫婦に子どもを託すことを決めます。

　ジュノはひとりでは両親に言いがたく、
リアに同席してもらって、妊娠しているこ
と、赤ちゃんが欲しい夫婦にあげることを
伝えます。両親はジュノが重大なことを話
したいと言うので、ドラッグや退学ではな
いかと思いますが、ジュノの話を聞くと、
妊娠には驚いてもむしろほっとして、学校
が続けられることに安心（アメリカは高校
までが義務教育）します。

　赤ちゃんの父親となるブリーカーも
ジュノの選択に従うと、ジュノの考えを尊
重してくれました。

## 養子縁組の実際、弁護士の関わり

　まだおなかが目立たない時期に養子縁組
が決まったことに養親は喜び、初めて子ど
もを迎える部屋を用意し始めます。が、母親
となる女性の行動に父親となる男性は乗り
切れないところがあります。正式に養子と
なる契約場面には、ジュノとジュノの実父、
2人の養親に加え、弁護士が立ち会います。

　日本では弁護士ではなく、児童相談所の
職員や民間養子縁組団体の職員が、子ども
が生まれてから法的な手続きをすすめま
すが、アメリカではさすがに契約社会で、
妊娠中から弁護士が関与するのには驚き
でした。

　弁護士が出産費用を負担することを伝
え、謝金はどうするかとたずねられます。
ジュノはこの子が幸せになることだから
いらない、この子をあげると言います。

　産んだ子どもとの関係でオープンアダ
プション（養親と子に交流がある）とクロー
ズドアダプション（一切交流しない）のどち
らをとるかも契約です。ジュノはクローズ
ドアダプションと即答します。

## 具体的で透明性の高い養子縁組制度

　この両方を提示され、選べて、そして
オープンアダプションを選択したとして
もどこまでどのような交流をするのか明
らかであるような、透明性の高い養子縁組
制度は、日本ではまだ途上かと思います。産
んだ親も養親も、そして生まれた子どもも

豊かで幸せな人生を送るために、充実した多様性のある仕組みと支援がほしいところです。

妊婦健診での超音波写真をジュノが養親宅に届け、養親は生まれる子への期待が高まりますが、養父は自分の夢を追いかけたい、こんなに早く子どもがくるとは思わなかったと、離婚が決まります。離婚してもシングルマザーでも養子縁組は継続できるようで、ジュノは出産後子どもには会わないことを選択したので、新生児室にひとりいる子どもをぎこちない抱き方で養母が抱いているシーンがあります。

## ジュノの出産と人生

どんどん大きくなっていくおなかを抱え高校を続け、ジュノは「みんなからじろじろ見られる」と言いますが、同級生が口に出していじめるわけではありません。教師の姿がまったく出てこないのですが、アメリカでは出産後も子どもを抱えながら通える高校もあります。義務教育ということもあり妊娠した生徒を閉め出すことはないのでしょう。身体的にも精神的にもストレスが大きい中、ブリーカーののほほんとした反応がジュノをいら立たせますが、ニュートラルにジュノの選択を肯定しているブリーカーに、ジュノは恋していることに気づきます。

いよいよ破水から分娩が始まり、ジュノは先に父親に伝え、養母も妹も一緒に家族総出で出産病院に向かいます。出産は硬膜外麻酔の無痛分娩で養母とリアが立ち会いました。陸上競技でブリーカーが優勝しますが、いつも応援に来ているジュノが来ていないことに気づき、ランニングのまま病院に駆けつけ、出産後のジュノに会います。ジュノは赤ちゃんに会わなくていいと言い、ブリーカーは何も言わずジュノを抱きしめました。

父親は、「次は自分の赤ちゃんをここで産むんだよ」と、ジュノの選択を認め次の人生を励まします。これはなんと含蓄のあるすばらしい言葉だろうと思いました。

家族も友人もブリーカーもジュノを肯定し選択を尊重し、ジュノは生んだ子どもが幸せになることを選び、次の人生を歩み出しました。

この映画は、外国人にとっては、アメリカの制度や高校生の妊娠事情がよくわかります。また、たとえ高校生でも産むか産まないかの自主的選択を親や周囲が尊重し、選択したことに対しては前向きに支援するという支援者の姿勢としても学ぶ点が多い映画でおすすめです。

● 一般社団法人　ベアホープ理事<br>助産師

赤尾さく美<br>あかおさくみ

妊娠葛藤相談の現場から

# 支援の切れ目を希望につなぐ
### 女性の自立と子どもの福祉のために

✢　◈　✳　◈　✢　◈　✳　◈　✢　◈　✳　◈　✢　◈　✳　◈　✢　◈

## 1 「産むことを助ける」助産師、葛藤から養子縁組へ

「ベアホープ」は、予期せぬ妊娠をして悩んでいる女性に寄り添い、一緒に最善の方法を考えていこうと、2013年10月に立ち上げた民間養子縁組機関です。この活動を始める20年ほど前、私は助産師として名古屋市内の総合病院の産婦人科に勤務していました。婦人科系の疾患もいろいろありますが、たとえば、がんなどの場合は医師らが患者さんに治療方法の選択肢と、それぞれの利点や弊害をていねいに示し、家族を交えて病状や治療方針などの説明をしたりもします。ところが、同じ病院でも、中絶を希望する女性への情報提供はまったく異なることを就職して間もなく知りました。

「実は中絶を考えているのですが…」と悩みながら産婦人科外来を訪れる女性に対して、医師は「いつ、空いてるかな」とカレンダーをのぞき込み、手術の予定を書き込みます。必要な術前検査をして、当日の持ち物や注意点を簡潔に説明して診察は終了です。当時は悩んでいる女性の話をゆっくり聞き、問題の背景をきちんと理解し、その解決へ向けた支援や他の選択肢に関

する情報を提供することはほとんどありませんでした。手術当日も明らかに
つらい表情の女性に対して、術前術後に妊娠に至る背景や心理を汲んで今後
へ向けてカウンセリングが提供されることはなく、「産むことを助ける」た
めに助産師になった私にとって非常に葛藤する日々でした。

　そんな中、退職してしまうか、もしくはこの女性たちに対して何かするか
を悩んだ末、友人の助言もあって特別養子縁組について学び、中絶を考えて
来院された方のために情報提供するパンフレットを作成しました。パンフ
レットは、中絶手術自体の説明に加え、経済的な問題を抱えている場合の公
的支援、育てられない場合の特別養子縁組、避妊法に関する情報をまとめた
ものですが、これをもとに中絶を希望する女性にさまざまな選択肢があるこ
とを説明し、熟慮して決断してもらう取り組みを始めたのです。

　すると、すぐに特別養子縁組を希望する方が2名現れました。どうしても
育てられない事情を抱えた女性から生まれたその子どもたちは、養親夫婦が
喜びの涙をもって迎え入れ、後に病院にも感謝の手紙や写真が届きました。
これを見たスタッフたちは、中絶手術前の情報提供の意義を確信し、この取
り組みは継続されていったのです。この経験が今の私の活動につながってい
るのは言うまでもありません。

## 2　医療・保健、福祉、教育の切れ目をつなぐ

　一般的には妊娠した女性は産婦人科を訪れ、医師等の診察を受け、妊娠届
出書を発行してもらい、市区町村から母子健康手帳を受け取ります。ところ
が、思いがけない妊娠に悩んでいる女性は、それがスムーズに行えない事情
を抱えていることが多いのです。私が所属する養子縁組あっせん機関、一般
社団法人ベアホープでは、メールや電話でこういった女性たちの相談を受け
ていますが、彼女たちは、貧困、家族関係の崩壊、若年、被虐待、DV被害、
依存症、発達障害、性風俗業従事、不倫など…実にさまざまな問題の中で葛
藤しています。他者を信頼することができなかったり、コミュニケーション

自体が苦手だったりもします。そして、ひとりの女性が抱える問題は1つとは限りません。

相談する女性たちの複雑な背景を聞く中で共通していると感じるのは、予期せぬ妊娠で悩んでいる女性たちは、医療・保健、福祉の支援に自らはつながりにくいということです。妊娠という事実を誰にも言えないこと、助けを求めることができないこと自体がハードルを高くします。それぞれ、さまざまな背景によって支援の隙間にはまってしまう…実は支援がありながらも、そこにつながっていけない女性たちが多いことに気づかされます。

● **2016年児童福祉法改正と子育て世代包括支援センターの展開**

2016年、児童福祉法と母子保健法が大幅に改正され、妊娠期から子育て期にわたる切れ目のない支援へ向けたワンストップ拠点として「子育て世代包括支援センター」が全国展開されることになりました。さらに2017年の児童福祉法改正における参議院附帯決議では、養育困難な妊婦に対しては「妊娠中から特別養子縁組も視野に入れて児童相談所や民間団体との連携を深めること。また、妊娠を他者に知られたくない女性に対する相談支援の方策について検討すること」と、「切れ目のない支援」の切れ目にいる女性にも目が向けられるようになりました。妊娠葛藤相談窓口の設置に取り組む自治体も増加しています。

2020年度からは、SNSを活用した相談支援や、若年妊婦等への支援に積極的な民間団体によるアウトリーチや、次の支援につながるまでの緊急一時的な居場所の確保等の政府予算が確保されました。

しかし、国や自治体のこうした支援策の動きの中でも、その支援につながれない妊婦は少なからず存在します。

● **初診・母子健康手帳 —— 医療・保健の支援につながれない**

病院にかかるお金がない、健康保険証がない、住民登録地に住んでいない、妊娠を誰にも言えない…という状況で悩んでいる女性は、「初診」というハードルをなかなか越えられず、母子健康手帳をもらうこともできないで

います。これは、出産 0 日目の虐待死の背景に見られる「未受診・母子健康手帳未発行」という次の流れを導き出します。

> お金がなくて誰にも言えず、妊娠判定の初診にかかれない
> ⬇
> （医師の記入した）妊娠届出書がもらえない（自分で記入も可能）
> ⬇
> 母子健康手帳を発行してもらえない

また、次の流れもあります。

> 住民票を異動しないまま居所を転々としている
> ⬇
> 現在住んでいる市区町村で母子健康手帳と妊婦健康診査受診票を発行してもらえない

　ただ、相談を受ける支援者側が知っておきたいことは、未受診や母子健康手帳未発行は、貧困や居所が理由であれば、必ずしも生活保護利用者とならなくても解決し得るということです。厚生労働省の通知「無戸籍の児童に関する児童福祉等行政上の取扱いについて」（平成 28 年 10 月 21 日付）にある、「戸籍及び住民票における記載の有無にかかわらず、当該市町村に居住している実態を確認できれば、母子保健に関する事業の対象となる」という子どもの福祉の視点に立った考えは、母子健康手帳の発行にもそのまま適用することができます。

　また、医師が書いた妊娠届出書がなければ母子健康手帳を発行してはならないという規定もないので、妊婦の居住の実態を確認し、母子健康手帳と妊婦健康診査受診票を初診の前に発行することは可能ですし、すでにそうしている自治体もあります。「初診の前に居所で母子健康手帳と受診票を発行➡初診」という流れにすることは、初診の自己負担額を減らし、受診へのハードルを確実に下げることになるでしょう。受診票を使用することで自治体が負担する費用は、未受診のまま飛び込み分娩や自宅出産となって、子どもが

NICU（新生児集中治療室）で管理されるよりはよっぽど安い費用です。何よりも、亡くなった子どもの命は、お金には代えられません。

## ●お金・経済の問題 ―― 福祉の制度につながれない

　思いがけない妊娠で悩む女性の多くが直面しているのがお金の問題です。お腹に子どもがいる心配というよりも、とにかく自分が生活していかなければなりません。なんとか日々の暮らしをつないでいる非正規雇用の場合、妊娠すると、産休や育休が取れず、やむない自主退職やクビ（解雇）のため、そのまま貧困生活に陥ってしまいます。妊娠中から産後8週間ほどは、再就職ができず、収入を得られない期間となります。収入がある程度あっても男性に搾取されていたり、アルコールやパチンコ、ホスト遊びなどに使ってしまったりして、借金を抱える女性たちもいます。ですから相談を受ける者は、その背景や心理を理解し、ケースワークをする必要があります。

　経済面の福祉というと、まず生活保護が考えられますが、利用条件が合わないこともあります。同居人（パートナー）がいたり、学生だったり…。外国人が利用するのもたいへんです。一方、過去に福祉の窓口でいやな思いをしたり、親に扶養の是非を問われる「扶養照会」を拒絶し、利用をあきらめる人もいます。「親に知られるくらいなら死んだほうがまし」と強烈に申請を拒否する女性もいます。また、知的、あるいは精神的な弱さを抱え、有用な福祉制度などの情報をキャッチ、または理解できず、行動に移せない人もいます。医療・保健の窓口に行ってはみたけれど、一番困っている経済面の支援についての情報は教えてくれず、そのまま支援から切れてしまう人も少なくないです。

## ●ネーミングやツールの工夫の必要

　現在、全国的に「子育て世代包括支援センター」「女性健康支援センター」が展開されています。しかし、これらの窓口の看板は「母子支援」「赤ちゃんとパパママ」など子育てのイメージが強く、ハッピーな妊娠・出産の印象です。すると、「産みたくない」「妊娠をなかったことにしたい」と考えている

女性は「ここは私には関係ない」と思ってしまいがちです。若年、性風俗、不倫、性被害などで妊娠してしまった女性は、葛藤の中にあり、中絶を第一選択と考えていることが多いため、「母子」「子育て」「ママ」など、育てる前提の窓口は関係ない場所に見えるのです。

　妊娠葛藤相談（にんしんSOS）に取り組む場合は、子育て支援や母乳や不妊など一般的な妊娠相談とは別の窓口を設け、ネーミングや検索キーワードにも考慮して、ネット上でアピールすることで、より当事者に歩み寄ることができます。

　学生や勤めている人の場合は、平日の日中は時間が自由になりません。そもそも若い世代は電話をすること自体が高いハードルになるため、時間やコミュニケーションツールを妊娠世代に合わせ、夕方以降の相談対応をしたり、メールやLINEによる相談を受け付けたりすることも重要です。また、当事者の近くまで出向いて行って医療・保健・福祉の関係機関につなぐ同行支援などもにんしんSOSに求められている方法だと思います。

● 学業・学校生活が継続できない

　日本では、高校生が妊娠すると、「女子は退学、男子は進学」という暗黙の了解のような流れがありました。学校側は周囲の生徒たちに「悪影響」がないよう配慮し、「校風が乱れる」という言葉で、女子を退学、もしくは自主退学させてきました。女子が出産して自分で育てたい場合は、高校を辞めて中卒という学歴で働くことになります。中学卒業資格のみで働ける職場は高収入が期待できず、困窮した母子家庭では虐待やネグレクトのリスクも高まります。これが低学歴と貧困、そして虐待を生み出し、それが次の世代へも連鎖していってしまうとしたら、学校の先生たちはいったい何を守ろうとしたのでしょうか？

　守られたはずのほかの生徒たちは、悲しみと怒りと葛藤の中で辞めていく生徒を見ながら、「自分に困ったことがあっても先生だけには絶対相談しない」と思うのではないでしょうか？　実際、妊娠した女子高生の多くが、本

来相談するべき「親と学校」だけには話したくないと言っているのです。実際、私が対応した中学生、高校生の多くは、学校に妊娠の事実を告げることを拒み、仮病を使って休むか、理由を伝えずに自主退学して通信制の学校に入り直したりしています。

2018年3月、文部科学省は、都道府県や指定都市の教育委員会等に向けて、妊娠した生徒本人に学業継続の意思があれば、「安易に退学処分や事実上の退学勧告等の処分」を行わないよう通知を出しました（公立の高等学校における妊娠を理由とした退学等に係る実態把握の結果等を踏まえた妊娠した生徒への対応等について〈通知〉）。この通知に強制力はありませんが、もしも悩んだ生徒が「学校を辞めるしかない。辞めたい」と言ったとしても、学校の先生たちには女子の将来を配慮し励まし、高校卒業への道を保障してほしいと切に願います。

## 3 出産前後を安心して過ごせる居場所支援

### ● 妊娠期の居場所・休業保障がない

誰にも言えない妊娠をした女性は、お腹が大きくなってくる頃から、一緒に住む家族や周囲の人たちに知られないように過ごすことが大きな課題となります。また、必ずしも妊娠を隠す必要がなくても、妊娠によって職を失い、住んでいた寮やアパートを出なければいけない状況となる女性も少なくありません。もともと貧困状態にあった女性は、非正規雇用である場合が多いため、産前産後休業の保障がなく、妊娠によって仕事も住居も失うことがあります。次の仕事を探そうと思っても、妊娠中に新たに雇用されることは非常に難しく、彼女たちは妊娠して仕事を辞めたときから産後8週間頃まで、いわば「ブラックホール」に陥るのです。

生活保護を利用できず、アパートや市営住宅などに入居できない事情がある場合、安心して産前産後を過ごせる妊婦専用の住居は、日本では非常に限られています。

### ① 婦人保護施設

　選択肢の１つとして、婦人保護施設には、家庭環境の破綻や生活困窮の状態にある単身妊婦も入所できることになっています。ただし、婦人保護施設はDV被害、人身取引やストーカー被害の相談窓口や一時保護先としても機能しているところが多く、スマホ利用や外出の制限があると、スマホを手放すことができない女性や、ある程度外出の自由がほしい女性にとっては、入所のハードルが高くなります。また、子どもが生まれたら母子では入所できないため、母子生活支援施設やアパート等へ移動するか、もしくは母子分離して母親だけ婦人保護施設での入所を継続するということになり、産前と産後では支援に切れ目が生じます。

　東京・新宿区にある慈愛寮は、全国で唯一の産前産後の女性に特化した婦人保護施設です。妊娠30週以降から産後６か月頃までさまざまな支援を受けながら過ごすことができる良いモデルと言えます。ただし、妊娠したらいつでも入所できるわけではないため、入所可能となる時期までは、どこか別の場所で過ごす必要があります。

### ② 母子生活支援施設

　かつては母子寮と言われていた母子生活支援施設は、すでに子どもを育てている子連れの妊婦の契約入所は可能ですが、単身妊婦の場合はその限りではありません。短期的な一時保護の受け入れが可能なところはありますが、妊娠初期からの長期入所は厳しい状況です。妊婦健診未受診等の中には特定妊婦とされ要保護児童対策地域協議会の対象となっている一方、児童福祉法では、胎児は児童と見なされないことから、児童福祉法に基づく母子生活支援施設に単身妊婦が入所できないという矛盾があるのです。

　そんな歴史が続いてきた中、2019年度から「産前・産後母子支援事業」が全国展開となり、いくつかの母子生活支援施設がにんしんSOSをスタートさせるとともに、妊娠期からの居場所づくりにも取り組み出しています。これまで、居場所における切れ目ない支援が存在しない状況でしたが、単身

妊婦が危機的な状況となったときから産後に働き自立するようになるまで、1つの場所で安心して過ごすことができるようになりつつあります。

　国と県（市）が公的資金で支え、すでに全国に 220 か所以上（2018 年度現在）ある母子生活支援施設が妊娠期から自立までの支援に乗り出したら、非常に大きな力となり、困窮と孤立の中で葛藤していた女性とその子どもを支える受け皿となるはずです。当事者のニーズに合った居場所の確保は、予期せぬ妊娠がきっかけで支援につながった女性が、自立へとつながる可能性も秘めていると思うと、単なる短期的な居場所の話ではなく、女性の人生に関わる支援とも言えるでしょう。

### ③ 妊産婦用シェルター

　全国に数か所存在する民間の妊産婦用シェルターは、おそらく最も当事者としてはハードルの低いものではないかと思います。そこにいるのは妊産婦のみ、スマホの持ち込みや外出も OK で、産前産後を切れ目なく過ごすことができる場所です。出産後は、自分で育てるにしても特別養子縁組で子どもを託すにしても、1 か月程度で出る必要がありますが、少なくとも産前産後の身を潜めたい時期、就労できない時期の居場所としては自由のある空間です。

　このような当事者のニーズに合う民間シェルターのほとんどが、寄付によって善意で運営されているため、民間ならではの柔軟な発想を担保しつつも公的資金によって持続的に支えられる仕組みが理想的でしょう。2020 年度から、母子保健医療対策として、「若年妊婦等支援事業」の施策により、妊婦の一時的な居場所を確保するための予算が組み込まれました。妊娠葛藤相談のための予算に加え、居場所確保のためにも加算があるものです。民間団体には妊娠期から自立までの長期的な支援を行うのは不可能ですが、一時的にではあっても、その日困窮して居場所がないという女性が駆け込める場所をつくっていくために、この事業を担えるだけのしっかりした機関が立ち上がっていくことを期待しています。

#### ④ 児童福祉法に基づく18歳未満への対応

妊婦が18歳未満である場合、状況によっては、母体が児童福祉法に基づいて保護の対象となり得ます。他の子どもへの配慮から、児童養護施設や子どもシェルターへの措置をためらわれることがありますが、一部の児童相談所ですでに運用されているように、妊娠期から母体を里親委託し、産後はその子どもも同じ里親宅で一時保護し、母子ともに里親宅で過ごすということも可能でしょう。

産前産後をしっかりサポートできる里親として、たとえば、開業助産師が妊産婦向けのファミリーホームを担うというのもニーズに合うのではないかと思います。

新たな施設を建設しなくても、今ある制度の中で、運用できることもいろいろあるのではないでしょうか。

## 4 産む使命・育てる使命、女性の自立と子どもの福祉

### ● 変化していく女性の子どもへの思い

妊娠葛藤相談（にんしんSOS）では、「中絶しようかどうか迷っている」「今からでも中絶できるところはないですか？」という相談も多く受けます。相談を受ける専門職が注意しなければならないのは、今「中絶したい」という声を聞いて、単に中絶可能なクリニックの情報だけを伝えたり、状況判断をして「それなら中絶しかないね」と主観で答えたりするべきではないということです。

それは、10代であっても、不倫であっても、障害児であっても、隠したくても同様です。相談に乗る専門職者は、近所の「おばさん」ではなく、刑法や母体保護法といった法律に基づいて情報提供をしなければならないからです。また、何よりも、本人の子どもへの思いは大きく変化していく可能性があり、あらゆる情報を得て熟慮し決断していくのは妊娠した女性本人だからです。

## ● 相談を受ける者の生命観・専門性が問われる

　妊娠葛藤相談（にんしん SOS）は、相談を受ける者の生命観や倫理観が問われるものです。そのため、自分自身の過去の傷が解決していない人は、まず自分の問題を解決しておくこと、主観に走らないようスーパーバイザーをもつこと、1人ではなくチームで対応することが重要です。

　ドイツでは、中絶を考えている女性は、まず妊娠葛藤相談所で相談を受けることが義務づけられています。そこでは、福祉や医療の専門職から中絶に関することだけではなく、次のような情報提供を受けることになります。

① 性教育と避妊
② 子どもと家族のための援助
③ 妊娠中の検査と出産費用
④ 妊娠のための社会的・経済的援助
⑤ 障害者とその家族のための助け
⑥ 中絶を実行するための方法
⑦ 中絶に伴う精神・身体的な結果とリスク
⑧ 妊娠から生じる社会心理的な問題解決のための援助
⑨ 養子縁組に関する法的・心理的な側面

　出産に向かうことができない理由への解決となり得る情報、ベストと思っている中絶の方法やそれにともなうリスク、別の選択肢となる養子縁組についても情報提供することは、日本でも最低限行うべきでしょう。同時に、お金がない、住むところがない、学業を続けたい、育てられないが産んであげたいというニーズに応える受け皿を社会が用意し、相談を受けた者が具体的に説明し支援につないでいくというタスクもあります。本人が最も困っている部分を解決したときに、葛藤の渦中では考えられなかった出産や子どもの養育について、ようやく現実的に考えることができるようになることがあるのです。

　安心できるシェルターに入所したら、生活保護を利用したら、親に話した

ら…「やっぱり産んで自分で育てたい」「産んで特別養子縁組で託したい」と、決意が変わっていった女性たちに、私も実際たくさん出会いました。

　虐待や貧困、孤立…壮絶な問題を抱えながら何とか生きてきた女性が、妊娠によって初めて支援につながるということもあります。中絶クリニックの

**キーワード** 中絶後ストレス症候群・中絶後遺症候群

　中絶後ストレス症候群・中絶後遺症候群 (Post Abortion Stress Syndrome：PASS)とは、人工妊娠中絶をした後、以下のような心的外傷後ストレス障害 (PTSD)を抱えていること。

- 罪悪感、不安（めまいや動悸、頭痛など身体症状を伴う場合もある）
- 妊婦や子ども（特に自分が中絶した子どもと同年齢の子ども）を避ける
- 感情の麻痺（感情を閉ざす、悲しみや喜びを感じない）
- うつ（希望がない、愛されない存在と感じる、不眠）
- 自殺願望（死んだほうが楽、亡くした子どもを抱きたい）
- 中絶した日のひどい感情
- フラッシュバック
- 妊娠願望（妊娠可能なことを確認したい、亡くした子を置き換えたい）
- 不妊への不安、自分の子どもを避ける
  （中絶を思い出す、親としての資格がないと思う）
- 自分の子どもを失う不安
- 摂食障害
- アルコールや薬物使用

(A Solitary Sorrow: Finding Healing & Wholeness After Abortion, Teri and Dr. Paul Reisser, 2000)

　これらの症状が出るのは、中絶後すぐの場合もあれば何年もしてからの場合もあり、中絶した女性だけでなく、中絶をさせた男性にも出る場合がある。アメリカでは正式な病名としての議論があるものの、中絶後にPTSDを抱えて生きている女性が少なくないことは事実として認められている。

紹介だけでは、根本的な支援のチャンスを逃し、また同じことがくり返されるかもしれません。

日本も、ドイツのような専門性の高い妊娠葛藤相談が各地で展開されることが今、求められています。

## ● 子どもは社会で育てる —— 日本の変革

スティーブ・ジョブス、ジョン・レノン、ネルソン・マンデラ…この人たちに共通するものは？ —— 実はみな養子です。

子どもの未来は可能性に満ちています。

現在、日本において保護者のいない子どもや、産みの親と暮らせない子どもは約 3 万 5000 人です（2019 年 3 月現在）。そのうち、乳児院が 2678 人、児童養護施設が 2 万 4908 人、里親家庭とファミリーホームが 7104 人で、里親委託率は 20.5％と年々上昇傾向です。特別養子縁組の成立数は、624 人（2018 年度）です。

長年、子どもの施設養育について国際的な非難を受けてきた日本において、2016 〜 17 年は、児童福祉の歴史上、最も大きな変革の年となりました。2016 年の児童福祉法改正により、実親が子どもを家庭において養育することが困難、または適当でない場合は、施設ではなく家庭で養育することが積極的に推進されることとなり、特に未就学児は、養子縁組や里親・ファミリーホームへの委託を原則とすることとなったのです。これを具体化し、2017 年には厚生労働省が「新しい社会的養育ビジョン」を打ち出し、「未就学児の施設入所は原則停止」となりました。

これまで、医療や母子保健の現場では「育てられないなら、いったん施設に入れて考えたら？」と育てられないという妊婦に話すことがありましたが、これからは安易に施設養育を促す助言はできないということです。さらに、この新しい社会的養育ビジョンでは、愛着形成にもっとも重要な 3 歳未満の子どもは 5 年以内、それ以外の就学前は 7 年以内に里親委託率 75 パーセント以上を実現するという数値目標が掲げられました。また、永続的解決

（パーマネンシーの保障）として「特別養子縁組の推進」もあげられ、5年以内に1000件が目標として掲げられています。

### ● 特別養子縁組の仲介 ── 児童相談所・民間機関

日本で特別養子縁組の仲介をしているのは児童相談所と民間養子縁組機関で、後者は全国に22団体あります（2020年12月現在）。ベアホープも民間養子縁組機関の1つです。

児童相談所は、里親制度の一環として行っており、自治体によってスピード感や実親対応などにばらつきがあります。しかし、最近では妊娠期から相談に乗り、乳児院を経由せずに新生児委託をするところも増えています。

一方、民間機関もそれぞれの団体によって、実親対応、養親対応や専門性にばらつきがありますが、2018年4月に施行となった「民間あっせん機関による養子縁組のあっせんに係る児童の保護等に関する法律（通称：養子縁組あっせん法）」により許可制となり、その業務内容や専門性が求められる方向となりました。現時点では、許可後であっても、団体による養親研修や、多角的審査、委託やアフターフォロー、実親支援の在り方等に課題を抱える団体もありますが、各事業者が法や指針や通知に従い、民間あっせん機関全体が信頼に値する存在として認識されるようになることを切望しています。

## 5 特別養子縁組という新たな親子の関係性

### ● 女性を追い込む母子一体理論

特別養子縁組のイメージは、メディアによる影響がかなりあると思われます。テレビドラマなどでは、予期せぬ妊娠に悩みつつ出産した女性が生まれた子どもと涙ながらに引き離されていくシーン、もしくは不妊治療の末、子どもが授からず待ち望んでいた夫婦やカップルのところにようやく子どもがやってきて喜んで迎えるシーンなどが多く見られるようです。どちらも実親、子ども、養親からなる特別養子縁組の深く長いストーリーを語り切れていないでしょう。出産した女性は、特別養子縁組をしたらそれで終わりでは

なく、生まれた子どもも産みの親と関係なく成長するわけではありません。また、子どもを迎えた養親も、産みの親の存在なしで偽りのない親子関係を築くことはないのです。この三者のつながりがずっと続いていくのが、本来の特別養子縁組です。

　産んでも育てられない、中絶しかない、と葛藤する女性と出会ったとき、どのように特別養子縁組について紹介するかによって、特別養子縁組はその女性にとって希望にも落胆にもなり得ます。

　日本では今でも「産んだら育てるべき」「母親なら育てるのが当然」と母子一体型の理論が主張されることが多々あります。このような言葉は危機的な状況にいる女性をさらに追い詰め、女性は「産んだ子を養子に出すなんて母親失格」と自責の念にかられることになります。そして、罪責感から無理に養育することを選んで苦悩したり、長期的な施設養育を導き出したりする可能性もあるのです。「産む使命と育てる使命は違う人が担ってもいい」「産むという役割はあなたしか果たせないけど、育てる役割を担いたい夫婦はいる」と、産むことと育てることを分けて、子どもの福祉の視点を含めて伝えることで、ほっとする女性は少なくないでしょう。

● 女性の究極の愛情表現、自立のチャンス

　特別養子縁組は、決して残念な選択ではありません。私は、すべての特別養子縁組を美化したり、むやみに推奨したりするようなことはしたくありませんが、妊娠した女性が危機的な状況で出産し、母親として子どもの将来を考えて手放す選択をする究極の愛情表現と捉えることもできると思っています。また、女性にとっての大きな自立のチャンスにもなると考えます。

　さまざまな葛藤の中で出産に至り、産後の入院中に子どもと接した女性の多くが、別人のように変わっていくのは決して珍しいことではありません。妊娠がわかったときは血眼になって闇中絶を探していた女性が、退院時に子どもと離れるときは涙しながら寂しがる場面や、相手の男性を恨み、妊娠中は子どもに無関心だった女性が、入院中子どもと過ごしてからは、団体を通

して子どもの写真が届くのを何よりも励みにしているということもよく見られる光景です。

　妊娠したのが中学生や高校生でも、レイプによる妊娠でも、不倫でも、相手がDV男性でも、変わらず見られるよくある現象です。経済面、世間体、学業面などで、大きな犠牲を払った女性たちが、子どもに向けて手紙を書いたり、アルバムを作ったり、プレゼントを買ったりして「ずっと愛してるよ」と表現するのを見るたびに、「だから妊娠葛藤相談では、『そういう状況なら中絶が一番ね』という主観で終わらせてはいけない」と本当に思うのです。妊娠の背景にかかわらず、女性の気持ちはまったく別のものに変化し、妊娠・出産が我々の想像をはるかに超えて本人の励みとなり、自立へとつながることがあるのです。

　特別養子縁組を選択した女性に対して、「今回のことは残念だけど仕方がない。もう忘れよう」「育てないなら会わずにお別れして縁を切ろう」とネガティブな励ましをすることは、自分がしたことは残念なことだったのだと思わせ、自責の念を抱きながら生きていくことを促す結果になりかねません。

●産みの親・養親・子ども、続いていくつながり

　一方、「この子がお腹に来てくれたことは、何かあなたにも意味があったんじゃないかな」と問いかけていくと、本人はそのことをよくわかっていたりするのです。

　中学生や高校生の子が、「この子を産んだことは、私の誇りです」と言うのを聞くと、その子は最も大切な命の教育を受け、これまでとはちがうおとなへと成長していくのだろうと思わされます。これまでデリヘル（デリバリーヘルス。出張風俗業）をしていた女性が、いつかあの子に会うときにはちがう自分になっていたいと言って、日中の定職に就いてがんばるようすを聞くと、特別養子縁組が何よりも彼女の自立支援になっていることを感じます。

　もちろん、悲痛な生い立ちからくる精神疾患、愛着障害、子どもの病気や障害を受け入れられない夫婦など、こうはいかないケースが多々あるのも事

実であり、特別養子縁組が当事者の抱える課題を解決するわけでは決してありません。

　一般社団法人ベアホープでは、予期せぬ妊娠をした女性がどんな選択をしようとも「あなたも大切な愛されるべき存在です」「あなたも幸せになってほしい」という思いと祈りをもって活動しています。団体を通して産みの親に子どもの成長のようすを知らせるセミオープン・アダプションをしていると、養親も機会のあるごとに産みの親に「あなたのことは子どもに伝えてますよ」「あなたのことも家族だと思っていますよ」というメッセージを送ってくれます。

　産みの親は子どもの存在を励みにし、養親と子どもの家庭では産みの親の存在が語り続けられ、その関係を仲介した機関が産みの親と養親と子どもの三者を支えていく役割を担う —— 決して残念な選択ではなかったと、三者ともが言える特別養子縁組が、日本でも浸透していくことを願っています。

---

**キーワード　セミオープン・アダプション**

　セミオープン・アダプションとは、養子縁組をあっせんした機関を通して、子どもの委託後も産みの親と養親子とのあいだで、写真やメッセージ等を送り合うなどの交流ができるもの。

　子どもが愛され幸せに成長しているようすを見て、産みの親の喪失感や自責の念からの回復を促し、産みの親のことをいつでも話せる関係性から、養親子間での真実告知が容易となり、養子の自己肯定感にもつながりやすい。

　また、あっせん機関を介しての間接的な交流となるため、お互いのプライバシーや不安感にも配慮される。

# NHK ドラマ「透明なゆりかご」

いのちの現場の物語

松岡典子

**[DVD-BOX]透明なゆりかご〈4枚組み〉**

発売：2019年／約437分＋特典21分
出演：清原果耶、瀬戸康史、酒井若菜、マイコ、葉山奨之、水川
　　　あさみ、原田美枝子　他
原作：沖田×華『透明なゆりかご』(講談社「ハツキス」連載)
脚本：安達奈緒子
発行元：NHK エンタープライズ
販売元：ハピネット・メディアマーケティング
演出：柴田岳志、村橋直樹、鹿島悠(NHK エンタープライズ)
NHK 放送：2018年7月～9月 NHK 総合(全10回)

## 主人公は看護師見習い女子高生

2018年 7 月から全10回放映された NHK ドラマ10「透明なゆりかご」は、沖田 × 華の「透明なゆりかご産婦人科医院看護師見習い日記」を原作としたドラマです。原作のコミックが20～30代女性に人気があったのは、その年齢の女性にとって他人事ではない理由が考えられます。そして、コミックのみならず、ドラマでも大きな反響を呼びました。

時代背景としては今から20年以上前、1997年頃のことです。現在とは医療・社会事情が異なるとは言え、毎回取り上げられるテーマは、まさに「見えない妊娠クライシス」のケースと合致します。

主人公は准看護科に通う女子高校生。看護師見習いとして産婦人科医院でアルバイトをする中で、普段の生活では見ることはないさまざまな事情を抱えた女性や妊婦さんが、いのちと向き合うようすに自身も多くのことを学び、成長するというストーリーです。

人は見えないものは存在しないと理解する場合も多いことでしょう。また見たくないものは見ない(見えないようにする)という心理も働くと聞きます。「透明である」ということは、「存在しない」ということにはなりません。透明で存在するもの、それがまさに、この主人公が感じる目に見えないいのち、「透明ないのち」なのです。主人

公は「いのちには輝くいのちと透明ないのちがある」という言葉でも表現しています。さまざまな経験を通して主人公の成長を背景に物語はすすんでいきます。

## 「産んだら結婚できると思っていた」

第1回の内容は、「未受診妊婦の飛び込み出産」ケース。この女性は不倫関係の男性の子を妊娠、出産すれば男性が結婚してくれると信じて産むのですが、出産してもその男性とは結婚できず、出産した子にも愛情がわかず、出産直後に医院を抜け出し男性のもとに乗り込むのですが、事態は変わらず、落胆しつつも、結果ひとりで育てることになります。妊娠や出産を相手の男性をつなぎ止める手段にすることは相談現場でも遭遇しますが、この女性が放った言葉が、まさに妊娠葛藤から子育て危機に陥る状況と心理を表しています。

「産んだら結婚できると思っていた。でも全部悪いほうに行った…」。産んだ子も「どっちにも似てない…かわいくない」「もうどうでもいい、見たくもない」と。妊娠クライシス状況からの出産、産後は手厚いケアと確実な支援がないと、子への愛情が途切れてしまうのです。誰の支援もなく退院した後、この子は死亡（虐待か事故かは不明）し、衝撃の幕引きとなりました。

## 親だからこそ、話せない

ある回では、若年妊娠の「新生児遺棄」がテーマでした。産婦人科医院の前に紙袋に入れられた新生児が捨てられていたのです。それを主人公が見つけて保護し、幸い赤ちゃんのいのちは助かります。この話は女子高校生が妊娠8か月で自宅のお風呂場でひとりで出産、その後彼女は「産んだ赤ちゃんをその辺に捨てたらばれる」と思い、赤ちゃんを紙袋に入れて、以前一度立ち寄ろうとした産婦人科医院の玄関近くに遺棄しました。そのことを隠して、何事もなかったように生活しますが、産後の体調は悪いままだったのです。

体調を心配した親が、娘を医療機関に連れて行ったため、出産した事実が発覚。そこからこの家族の混乱ぶりが描かれます。娘の出産を知って怒る父親、泣きくずれる母親。母親が「ひと言相談してくれたら…」と言うと、この高校生は「言えないから、捨てたんじゃん！」と言い放ちます。

この回では、若年者が妊娠を親に話せない心情がうまく描かれています。親だからこそ話せない（話したくない）——これは相談現場でもよく耳にする言葉です。次に、この赤ちゃんの世話をした主人公が、産んだ女子高校生の言動を非難するシーンがあります。それに対してベテラン看護師の

言葉が主人公の胸に突き刺さります。

「この高校生が妊娠を知ったのはたぶん3月くらい。だとすると4月に咲く桜をどんな気持ちで見たんだろうね…」。この言葉には、若年者の予期しない妊娠が本人にとっていかに衝撃的で、ひとりで抱えきれない大きな不安や恐怖を感じながら日々を過ごすことが、どれだけたいへんかということがよく表現されています。

続けてこの看護師は主人公に、「赤ちゃんだけ見たらだめよ」とも言います。若年妊娠は、非難・批判すればいいものでは決してないのです。看護者、支援者にとって結果だけを見るのではなく、そこに至る過程や当事者の気持ちに寄り添うことが大切だと教えてくれる回です。その後、その赤ちゃんは産んだ高校生の「妹」として、親が育てる結末になっていました。

## 心の支え、母子手帳

「小さな手帳」というタイトルの回は、「母子健康手帳」をモチーフに展開。主人公の同級生が妊娠、産婦人科医院に受診することから話はすすみます。少女は相手の男性から追い出され、住むところもない状態になっていました。一般的にはそういう場合、実家に帰ったら…と考えがちですが、例えば施設で育ったり、虐待を受けて

きた子どもたちは、帰る家すらないことがほとんどなのです。まさにこの少女は、そういう事情を抱えていました。

少女は小学生時代、母親の再婚により母親によるネグレクト状態に陥り、適切に養育されなくなっていきます。少女だけ母屋から離れた狭い部屋でひとりで寝起きし、食べるものも十分に与えられない生活が続いていました。そんな少女の唯一の心の支えが、自分の「母子健康手帳」でした。自分が生まれてから母親が再婚するまでは、母親が自分のことを大事に思っていたと、そこに書かれていた母親の肉筆を読むことによって実感でき、日々ひとりぼっちで劣悪な環境の中でも、それを読み返すことで生きる力にしていたのです。

ある日、弟がハサミで自分の教科書を切っているところに遭遇し、弟をたしなめる際、誤ってそのはさみで弟の手を傷つけしまいます。母親は激高。その事件を機に少女は児童養護施設で暮らすことになり、母親ともまったく会うことはなかったのです。少女は児童養護施設を18歳で出てからは彼氏のもとで暮らすようになり、そんな中で妊娠。その後、彼に追い出され、受診した産婦人科医院で出産まで入院することになりました。

主人公は、少女がボロボロになった自分

の「母子健康手帳」を持っていることに気づいて話を聞きます。少女とって特別な存在の母子健康手帳—わが子にも同様の思いを重ね、母親として毎日子どもへの思いや出来事を、たくさん書き連ねていきます。そこには、わが子へ愛情を目いっぱい注ごうとする母親の姿がありました。わが子が将来この手帳を目にするときに、幸せを感じると信じて。その姿はとても切ないものでした。

ドラマでは、主人公がナレーションで、次のような言葉を連ねます。「小さな手帳（母子健康手帳）は愛であふれていた。でもそれはずっと続くとは限らない、でも一瞬でも世界中の誰よりも愛されていたと思うと生きていける。そしていつか誰かを愛することもできる」と。小さな手帳（母子健康手帳）がこうやってその人のその後の人生に大きく影響するものとなることもあるのだと思います。それは大げさではなく、この回を見るとそう思います。

## あなた自身が考えること

ドラマ「透明なゆりかご」が描きたかったことは何だったのでしょう。「透明なゆりかご」は社会が今まで見てこなかったいのちの現場の物語であり、それぞれの事情を抱えた妊婦さんやその家族の苦悩や悲しみ、喜びは産婦人科医院内でくり広げられるだけのものではないと言いたかったのかもしれません。そして、これらのエピソードは、実は身近に起こっており、決して他人事ではないのだと伝えたかったのではないでしょうか。

このドラマは、すべての回が見た者に問いかけをして終わっています。どうすべきか、どうしたらよいかは「あなた」が考えること、として。それは見る者1人ひとりに大きな課題を投げかけられている気がします。

ドラマではほかにも「闇中絶」の問題も扱っています。予期しない妊娠後、誰にも知られず、なかったことにしたい女性の行き場として描かれています。妊娠を誰にも知られたくない女性が多く望むのは「匿名性」で、根掘り葉掘り聞かれることが一番苦痛であると、相談現場でも耳にします。支援を考える場合もキーワードとなると考えられます。

時代が変わり多様化する社会でも、妊娠・出産は変わらず尊いいのちを生み出すプロセスです。もし違うプロセスになったとしても、女性の尊厳が守られなければならないことは言うまでもありません。ぜひ、多くの人に見てほしいドラマです。

# III

# 海外に学ぶ

女性と子どもへの
人権尊重と支援

●目白大学人間学部准教授　姜　恩和（かんうな）

韓国

# 予期せぬ妊娠をしたすべての女性への支援
## 未婚母支援から養育支援・子どもの権利保障へ

## 1　子どもの養育と女性の自立支援へ

　韓国において予期せぬ妊娠をした女性を長年支援してきたのは、養子縁組機関と未婚母施設でした。戦災孤児の保護として始まった養子縁組は、1970年代から未婚の母の子どもの増加にともない、養子縁組機関による未婚母支援へとシフトしてきました。未婚母施設は同じく70年代に婦人保護施設の一種としてスタートしたものですが、80年代に対象が細分化され、未婚母施設として枝分かれしました。支援内容は、分娩前後の短期間の入所保護と養子縁組による子どもの保護だったのですが、養育を希望する未婚母の増加とともに、2005年頃から子どもの養育と女性の自立支援に重点が置かれるようになっていきます。

　そして現在では、未婚母に限定せず、すべての危機的妊娠をした女性支援へ広げられつつあります。本稿では、韓国における予期せぬ妊娠をした女性の支援について、「未婚母」支援から「すべての危機的妊娠をした女性」支援への変化過程を踏まえつつ述べていきたいと思います。

まず「未婚母」という用語の定義ですが、韓国では予期せぬ妊娠をした女性は「未婚母」というカテゴリーにくくられて保護されてきました。田間（2018：77）は、「非婚母は、法的な婚姻関係にない男性の子を産んだ母を指す。非婚母は、未婚でも既婚でも（婚姻中に夫以外の男性の子を産んだ者、夫と死別後の単身者、離別後の単身者）でもありうる」とし、「非婚母を未婚母で代表することは、不正確であるうえ、非婚母の複雑な状態をとらえきれない」と述べています。

　この指摘にしたがうと、韓国ではごく最近まで、予期せぬ妊娠をした女性＝「未婚母」というカテゴリーに限定され、支援も、上記にあるような非婚母ではなく、婚姻歴のない女性が妊娠・出産した場合のみを指すものとされてきました。90年代までは、未婚母自ら子どもを育てることについて社会的には受け入れられておらず、経済的支援などの制度的な面も整っていませんでしたので、未婚母＝子どもを養子縁組に託す存在として見なされていたと言っても過言ではありません。養子縁組は、いわゆる「藁の上からの養子」という状態で子どもを養子縁組に託す慣行ですすめられ、女性のプライバシー保護の側面も満たしていたのです。

　しかし、2012年の改正「入養特例法」（以下「2012年特例法」）が施行され、実親による出生届がないと養子縁組の手続きをすすめられなくなりました。改正と時期を同じくしてベビーボックスへ預け入れられる子どもが急増しましたので、女性のプライバシー保護の問題も含めて妊娠期に対する支援の問題が浮上することになります。さらに、少子化問題の側面からも、2019年に合計特殊出生率が0.92を記録し、世界で最も少子化がすすんでいる状況となり妊娠期に対する支援が重要になっています。

## 2　養子縁組制度の概観

### ● 未婚母と母子分離

　未婚母の子どもが養子縁組によって保護されるということは、多くの母子

分離が発生していることを意味します。その背景として、家族法について少しふれておきたいと思います。2005年に家族法が改正される以前は、韓国の民法における家族の定義は次のようなものでした。

第779条（家族の範囲）　戸主の配偶者、血族とその配偶者、その他本法の規定によってその家に入籍した者は家族になる。

婚姻については826条の第3項に「妻は夫の家に入籍する。しかし妻が親家の戸主あるいは戸主相続人の場合、夫が妻の家に入籍できる」とあり、妻が夫の家に入籍することが原則で、同じく子どもも父家に入籍することが原則となっていたのです。親が婚姻届を出していれば、子どもは父親の姓と本貫を継ぎ、それは父親の血筋を引いた子どもであるということを意味します。

子どもが婚外子の場合でも、父親の認知があれば父家に入籍し、父の姓と本貫を受け継ぎます。父親の戸籍に入れない場合は母家に入籍し母親の姓を名乗ることになりますが、このことは子どもが父親の姓を継ぐのが通常とされている中で非常に異質的なものとして受けとめられやすく、父系の血筋のわからない子どもとしてのネガティブなイメージがつきまといます。さらに、自分で子どもを育てるための支援も十分でない中、多くの未婚母の子どもが養子縁組に託されてきました。

● 海外養子縁組の社会的背景

表1は、養子縁組件数の推移を示したものです。

海外養子縁組が16万件を超え、国内の2倍以上に上っていることがわかります。もともと養子縁組が要保護児童の保護形態として定着するきっかけとなったのは、朝鮮戦争時に発生した多くの孤児、その中でも特に韓国に派兵された外国人男性と韓国人女性のあいだに生まれた子どもを海外養子縁組で保護したことです。1961年に海外養子縁組を対象とした「孤児入養特例法」が制定され、1976年に国内養子縁組を含めた形で「入養特例法」に改正されました。国内養子縁組と海外養子縁組の比率は、国が海外養子縁組を

**表1 ● 養子縁組件数の推移**（1958-2019）

| 年代 | 養子縁組全体 | 国内養子縁組 | 海外養子縁組 | 国内養子縁組の比率（%） |
|---|---|---|---|---|
| **1958-1960** | 2,700 | 168 | 2,532 | 6.2 |
| **1961-1970** | 11,481 | 4,206 | 7,275 | 36.6 |
| **1971-1980** | 63,551 | 15,304 | 48,247 | 24.1 |
| **1981-1990** | 91,824 | 26,503 | 65,321 | 28.9 |
| **1991-2000** | 35,619 | 13,296 | 22,323 | 37.3 |
| **2001-2010** | 32,928 | 14,932 | 17,998 | 45.3 |
| **2011-2019** | 10,623 | 6,455 | 4,168 | 60.8 |
| **合計** | 248,726 | 80,864 | 167,864 | 32.4 |

資料：保健福祉部(各年)　『国内外養子縁組統計』

全面的に認めるか、それとも抑制するかによって変わってきました。

　1970 〜 80 年代の海外養子縁組の増加は、海外養子縁組の全面開放の結果です。90 年代から減少しているのは、ソウルオリンピックを境に韓国の経済成長が世界にアピールされ、経済的に豊かな国になったにもかかわらず、多くの海外養子縁組が行われていることに対する国際社会の非難が強くなったためです。

　2007 年には国内養子縁組優先策の一環としてクォータ制を導入し、海外養子縁組件数を減らしていく政策が打ち出されました。

　**表2** と**表3** は、子どもが国内と海外に養子縁組される背景についてそれぞれまとめたものです。2009 年の調査から、「未婚母」という項目は、「未婚母（父）児童（婚外子含む)」になり、ひとり親家庭、貧困家庭は分けて推計されるようになりました。ただし、ここでは年度別の推移を見るため、ひとり親家庭、貧困家庭を合わせた数値となっています。

## 表2 ● 国内養子の背景（1958-2018）

| 年代 | 合計（人） | 未婚母（%） | 施設児童<br>（棄児）（%） | ひとり親家庭,<br>貧困家庭（%） | その他（%） |
|---|---|---|---|---|---|
| 1958-1960 | 168 | 63（37.5） | 80（47.6） | 25（14.9） | - |
| 1961-1970 | 4,206 | 1,163（27.7） | 2,962（70.4） | 81（19.3） | - |
| 1971-1980 | 15,304 | 9,075（59.3） | 4,960（32.4） | 1,269（8.3） | - |
| 1981-1990 | 26,503 | 19,696（74.3） | 4,715（17.8） | 2,092（7.9） | - |
| 1991-2000 | 13,296 | 9,983（75.1） | 2,288（17.2） | 806（6.1） | 219（1.6） |
| 2001-2010★ | 14,932 | 11,816（79.6） | 1,477（9.9） | 1,276（8.6） | 283（1.9） |
| 2011-2018 | 6,068 | 5,550（91.4） | 259（4.3） | 223（3.7） | 36（0.6） |
| 合計 | 80,477 | 57,346（71.3） | 16,741（20.8） | 5,772（7.2） | 538（0.7） |

注★：この年代は、各属性の合計と全体数に80人の誤差があり、属性ごとの合計は14,852人である。
　　各背景の割合は、属性の合計から算出した。
資料：保健福祉部『国内外養子縁組統計』（各年）

## 表3 ● 海外養子の背景（1958-2018）

| 年代 | 合計 | 未婚母（%） | 施設児童<br>（棄児）（%） | ひとり人親家庭,<br>貧困家庭（%） |
|---|---|---|---|---|
| 1958-1960 | 2,532 | 227（9.0） | 1,675（66.1） | 630（24.9） |
| 1961-1970 | 7,275 | 1,304（17.9） | 4,013（55.2） | 1,958（26.9） |
| 1971-1980 | 48,247 | 17,627（36.5） | 17,260（35.8） | 13,360（27.7） |
| 1981-1990 | 65,321 | 47,153（72.2） | 6,769（10.4） | 11,399（17.4） |
| 1991-2000 | 22,323 | 20,654（92.5） | 225（1.0） | 1,444（6.5） |
| 2001-2010★ | 17,747 | 17,168（96.7） | 38（0.2） | 541（3.1） |
| 2011-2018 | 3,851 | 3,627（94.2） | 30（0.8） | 194（5.0） |
| 合計 | 167,547 | 107,760（64.4） | 30,010（17.9） | 29,526（17.7） |

注★：この年代も国内養子縁組と同じように、各属性の合計と全体数に251人の誤差がある。属性ごと
　　の合計は17,747人であり、各背景の割合は、属性の合計から算出した。
資料：保健福祉部『国内外養子縁組統計』（各年）

## ● 養子縁組と子どもの権利保障

　1958 年から 70 年代までは棄児やひとり親家庭が多く、家庭が貧困のため子どもを育てられないという理由で養子縁組の対象となっていました。しかし、70 年代後半から未婚母の子どもが増え、80 年代には未婚母の子どもの割合が最も大きくなり、人数は減りましたが、割合としては現在もなお 9 割ほどを占めています。未婚母の子どもが養子縁組となっていたのは、先に述べた家族法の影響のほかにも、「虚偽の出生届」という慣行があげられます。

　つまり、子どもが家で出生した場合は、2 人の保証人が署名した出生証明書があれば出生届を出すことができるという「隣友保障制度[2]」を使って、養子縁組した子どもが養親の実子として届け出られるというやり方が国内養子縁組の主流でした。妊娠・出産の事実を知られたくない女性にとっても、プライバシーが守られる装置として機能していましたので、養子縁組は予期せぬ妊娠をした女性にとって 1 つの大きな選択肢になり得たのです。

　しかし、このような運用に対しては当然のごとく批判があり、子どもの福祉のための養子縁組が許可制ではなく届出のみで成立することにも問題提起がされていました。2011 年 8 月に子どもの権利擁護を重視する形で「入養特例法」の全文改正が行われ、2012 年 8 月に施行されました。

　この改正では、養子縁組は子どもの利益が最優先されるべきであるという条文を設け、養子縁組の成立は当事者による届出のみとするのではなく、家庭裁判所による許可制となりました。それ以外にも養親の基準強化、実親の養子縁組同意の熟慮期間の創設、養子縁組当事者による養子縁組情報へのアクセスの保障など、子どもの権利保障という点で大きく前進したといえるものです。

　しかし、「2012 年特例法」の施行後、ベビーボックスに預け入れられる子どもが増え、乳児の遺棄事件が絶えないという批判が起きました。ベビーボックスは、日本の「こうのとりのゆりかご」と同じように、匿名で赤ちゃんを預け入れられる施設のことで、2009 年 12 月に運用が始まりましたが、

「2012年特例法」以降、ベビーボックスに預け入れられる子どもの数が急増し、実親による出生届をめぐる議論が起きました。これについては5節でベビーボックスの課題とともに述べていきたいと思います。

● 未婚の親への子育て支援へ

韓国女性開発院（1984）によれば、1984年に未婚母関連施設に入居している未婚母1,446名を対象に調査した結果、養子縁組希望者は92.9％に上り、養育希望者は5.8％に過ぎないという結果でした。しかし、2001年には養育希望者が11.0％に増加し（金ユギョン・趙エジョ・盧チュンレ 2006：87）、2005年には養子縁組希望は68.3％、養育希望は31.7％となり（女性家族省2005：32）、未婚母の3分の1が養育を希望するようになりました。さらに養子縁組に託すことを選んだ未婚母のうち、37.7％の人が、経済的な支援があれば自ら養育したいと答えていました。

このような養育を希望する未婚母の増加とともに、ひとり親家庭支援策にも変化が表れました。未婚母のためのケアは出産前後のものに集中しており、母親の養育を支援するという動きはほとんど見られなかったのですが、2003年に子どもを自分で育てる未婚母のための施設を運営するプログラムを国家レベルで支援し始めました。2007年には母・父子福祉法が「ひとり親家族支援法」に改正され、未婚の親の子育て支援が強化されました。

## 3 1989年母子福祉法以前の未婚母支援事業

● 婦女保護事業の一環としての未婚母支援 ── 養子縁組機関の提供

1968年に初めて韓国キリスト教養子会（1975年にホルト児童福祉会と合併）が未婚母相談を始め、70年代には海外養子縁組も合わせて取り扱う養子縁組機関のホルト児童福祉会、東邦社会福祉会、大韓社会福祉会、韓国社会奉仕会においても、未婚母に対する相談が行われるようになりました。このように未婚母相談を行う機関が増加したのは、60年代から70年代にかけての産業化の流れの中、馬山、蔚山、浦項、仁川、永登浦などに新しい工業団地

がつくられ、貧しい農村地域から職を求めて都市に向かう人口移動が生じ、劣悪な住居環境や勤務環境の中で未婚の女性の妊娠が増加した点が指摘されています（張素英 1976:16）。

　養子縁組機関により提供されたサービスについて、ホルト児童福祉会の例を見てみると、養子縁組あっせん以外にも、医療サービスとして妊産婦の定期健診や分娩費、産後の治療費の支援を行っていました。また、居場所のない女性へ入所保護を行っている施設を紹介し、自ら子どもを育てる場合、1か月から6か月間ほど、医療サービスを含めた在宅支援をしていました（柳由博 1980）。

　大韓社会福祉会、韓国社会奉仕会、韓国十字軍連盟（東邦児童福祉会の前身）においても、養子縁組に加えて個別相談や分娩費補助などの医療サービスが行われていました。

● 入所保護事業

　1961 年に「淪落行為防止法」が制定され、「淪落行為の常習がある者および環境又は性行をかんがみ淪落行為をする恐れが顕著な女子」を保護する目的で「婦人保護事業」が行われます。淪落防止法第8条に定められている職業補導施設は、「要保護女子に対して、自立更生の精神と能力を涵養するため」のものです。

　入所保護事業は、救世軍女子館と愛蘭院の前身である「恵み院」という施設によって行われていました。ホルト児童福祉会のスタッフが救世軍女子館に入所している未婚母の個別相談を担うなど、機関間で連携することもあったようです。1960 年につくられた恵み院は当初は、売春する女性を保護していましたが、その中でさまざまな事情により都会に出て予期せぬ妊娠をした女性に出会うようになり、未婚母に特化した支援を展開していきました。

　1973 年に最大3か月間、20人までを保護できる「喜びの家」がスタートしました。1975 年から79年までのあいだは、子どもの養育への意思がまだ定まっていないケースや、男性の意思確認が必要なケース、育てる意思はあ

るが条件を整える必要があるケースにおいて、母子が一緒に居住できる「希望の家」が運営されていました。期間は 1 か月から 3 か月のあいだで、入所できるのは母親と子どもそれぞれ 5 名ずつでした（張素英 1976:48-57）。

1980 年代に入ると、婦女職業補導施設を淪落女性収容施設、淪落の恐れ<ruby>淪落<rt>りんらく</rt></ruby>のある女性収容施設、未婚母施設、一時保護所に区分してそれぞれの対象者の特性に合わせてすすめられるようになっていきます（保健福祉部 1983：10）。未婚母保護施設の数も徐々に増え、1986 年には 10 か所になりました。しかし、十分な公的支援はなく、子どもは養子縁組を通して保護され、実親に対しては産前、産後の施設保護および医療サービス、分娩費補助に限られていました。

## 4 1989 年母子福祉法制定以降の政策

### ● 初めて公的責任を明確化

1989 年に制定された母子福祉法は、韓国で初めて母子福祉への公的責任を明確にし、母子を支援するための行政システムが構築される大きなスタートとなりました。それまで児童福祉法や生活保護法において、子どもに付随する形で保護対象とされていた母子家庭の母親が、世帯主という資格で家族とともに保護を受けられる制度的な基盤が確保できるようになったのです。

2002 年には「母・父子福祉法」となり、2007 年には「ひとり親家族支援法」に改正されて祖父母と孫で構成される世帯が含まれるなど、支援の対象も少しずつ広がってきています。婦女保護事業の一環としてなされていた「未婚母施設」も母子福祉法の対象となり、未婚の女性が妊娠・出産期に安全に分娩し、心身の状態が回復するまで一定期間入所できる施設として明文化されました。

**図 1** は、1981 年から 2020 年までの未婚母施設の推移を示しています。

1980 年代に 10 か所程度だった未婚母施設は、2006 年以降に急激に増えて 2010 年に 33 か所となり、2020 年 12 月現在は全国に 22 か所あります。この

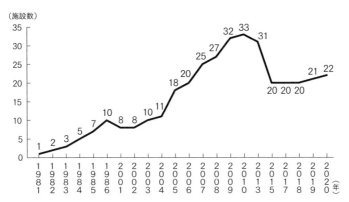

**図1●未婚母施設の推移**

（施設数）

資料：保健福祉省・女性家族省、各年統計資料

　増減の理由としては、次の3点があげられます。

　1点目は、少子化対策の一環としての未婚母支援です。韓国の合計特殊出生率は2002年に1.18となった後、引き続き減少し、2019年には0.92とOECD各国の中でも最低水準となりました。政府も危機感を募らせて本格的にこの課題に取り組み、2005年に「少子高齢社会基本法」が制定されました。その重点課題の1つに、出産と子育てをしやすい社会を目指すことが掲げられていますが、その中に子どもを養育するための未婚母施設の充実化が含まれています。それを受けて、2006年の母・父子福祉法改正により「未婚母施設」は「未婚母子施設」に変更され、子どもを育てながら自立していくためのサービスに力を入れるようになりました。

　2点目は「女性家族省」の創設です。政権交代により1998年から2008年まではキムデジュン金大中、ノムヒョン盧武鉉の2人の大統領による革新派政権の時代でした。この時期に、戸主制度の廃止を骨子とする家族法改正など、女性の権利擁護の側面で大きな進展が見られました。女性省が新設されたのは2001年のことで、2005年に女性家族省へと改編されました。それにともない、家庭内暴力、性暴力被害者の保護、売買春等の防止などの業務に加えて、ひとり親支援に関

する「母・父子福祉法」（現「ひとり親家族支援法」）の管轄も、保健福祉省ではなく女性家族省となりました。女性家族省の役割は、女性政策の企画から地位向上などが掲げられており、未婚母支援にもより力を入れるようになります。

3点目は家族法の改正です。2005年に戸主制度と戸籍制度の廃止を含む大きな家族法改正が行われました。家族の範囲は「配偶者、直系血族および兄弟姉妹[3]」となり、家族の中心となる父親が存在すべきであるという法規範は姿を消しました。また、子どもは父家に入籍し、父姓を継ぐことが原則となっていたのですが、改正により、父姓を継ぐという原則を維持しながらも、「父母が婚姻届出を提出する際に母の姓と本貫に従うことに合意した場合は、母の本貫と姓に従う」（第781条1項の但し書き）という条文が設けられ、父姓の原則が緩和されました。

このような背景の中で、未婚母子施設は急増していきました。具体的な支援内容は**表4**のとおりです。

「基本生活支援」施設は、通常、未婚母子施設と言われ、妊娠中から入ることのできる施設のことで、「共同生活支援」施設は出産後に入れる施設を指

**表4 ● 未婚母を対象とした主な施設とサービス内容**

| 施設類型 | | 施設数 | 入所対象と機能 | 入所期間<br>（延長可能期間） | 入所定員 |
|---|---|---|---|---|---|
| 未婚母<br>子家族<br>福祉施<br>設 | 基本生活<br>支援 | 22 | 未婚母の妊娠および<br>出産後（6か月未満）<br>保護を要する女性 | 1年（6か月） | 556人 |
| | 共同生活<br>支援 | 40 | 3歳未満の乳幼児を<br>養育する未婚母 | 2年（1年） | 342世帯 |
| | | 2 | 出産後子どもを養育<br>しない未婚母 | 2年（6か月） | 15人 |

資料：ひとり親施設女性家族省ホームページより　http://www.mogef.go.kr/cs/opf/cs_opf_f071.do

します。「共同生活支援」には、子どもを育てながら自立支援を受ける形態と、子どもを養子縁組に託した女性が自立支援を受ける形態の2種類があり、両方合わせて全国に42か所あります。

　さらに、2009年から未婚母と未婚父が子どもを養育し経済的に自立できるように、妊娠初期から相談および情報の提供、子どもの出産と養育時の緊急支援などを行う未婚母父子拠点機関が設置されました。全国16の自治体で17か所が運営されており、職業訓練および検定試験の準備のための教育機関との連携をはじめ、情報提供や救急の場合の病院費用、生活必需品を支援する危機支援機能、カウンセリング、未婚母・父子のための文化体験プログラム、教育プログラム、セルフヘルプグループのネットワークづくりなどが役割として掲げられています。地域の支援拠点ができたことは大きな進歩ですが、実務経験の浅い担当職員も少なくなく、さまざまな事業を実施していくにはまだ多くの課題が残されています。

## ■民間施設「愛蘭院」の実践

2017年に改築した
愛蘭院本部の外観

　韓国の未婚母支援のパイオニア的な存在である愛蘭院の取り組みを紹介します。愛蘭院は「危機的妊娠をした未婚母・父子の出産、教育、自立、養育、支援のための one stop network サービス」を掲げて支援している社会福祉法人で、大韓イエス教長老会総会韓国社会福祉財団が運営しています。愛蘭院の one stop service は、**図2**で示されるように、妊娠から自立まで概ね3年から7年ほどの長期的視点をもった支援になります。

### ● 子どもを育てるための支援

　愛蘭院は、3節で述べたように1970年代から未婚母に特化した事業を行ってきました。愛蘭院

**図2 ● 危機的妊娠から自立までのONE STOP SERVICE**

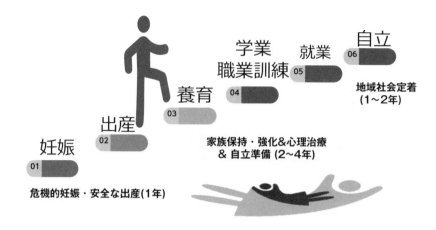

資料：姜英實「愛蘭院紹介資料」2018

の実践が制度に結びついた代表的な例は、自ら子どもを育てられるための支援と学業支援があります。2001年には、共同募金会の支援を受け、「未婚養育母子ステップハウス」をスタートしました。当時はまだ未婚母が子どもを養育するための公的な支援がない時代でしたが、自分で子どもの養育を希望する未婚母について、全国から受け入れを開始したところ、多くの希望者が集まり、場所が足りず廊下にマットレスを敷いて寝泊まりすることもあったそうです。

このようにして女性たちの養育支援、自立支援に励みながら、2002年には行政機関、未婚母関連施設、マスメディアなどの関係者を招いて「未婚養育母子家族国家支援を求めるためのセミナー」を開催しました。このセミナーでは、愛蘭院の支援を受けた当事者5人が子どもを連れて登壇し、子どもを育てるための支援を直接訴えました。この当事者の声は反響を呼び、2003年から子どもを自分で育てる未婚母のための施設に公的支援が始まるなど、その後の養育支援は大きく進展していきました。

## ● 青少年の学業支援

　未婚母学生は妊娠が学校に知られた場合、校則により退学処分を受けることを恐れて、妊娠の事実を告げず自主退学することも多く、学習権が保障されていない状況でした。

　そのような中、2010年に、ある高校3年生のカップルが妊娠したケースがありました。このカップルは卒業後に結婚することも両家で話し合われていたのですが、女子学生のほうが退学させられそうになり、愛蘭院に相談が入りました。当事者と愛蘭院が一緒に国家人権委員会に訴えた結果、国家人権委員会は事実を調査し、教育科学技術省、女性家族省、保健福祉省長官および各市道教育庁の教育監に対して「青少年未婚母が教育を受ける権利を保障することは社会的課題であり、妊娠とともに学校を自主退学する事態は避けなければならない。青少年の未婚母の学習権を保障するために関連法律の整備を行うようにすべきである」との勧告を行いました（国家人権委員会2010.7.26）。

　結果的に、女子学生は退学を免れ、それにとどまらず、国家人権委員会と未婚母子施設、研究者が協力して、未婚母子施設にいる入所者を対象に、学業支援についての調査を行いました。その結果、現在のように未婚母子施設にフリースクールをつくるという学業支援の形ができ上がりました。

　2020年12月末現在、全国に16か所のフリースクールがあり、そのほとんどは未婚母子施設で運営しています。フリースクールには学校長の推薦によって入ることができ、学習の面のみならず自立に備えるという内容も含めたカリキュラムになっています。制度上は在籍校からの委託となっていて、フリースクールで取った単位は在籍校の単位として認められ、卒業時も在籍校の卒業証明書を取得することができます。

## ● すべての危機的妊娠をした女性へ支援を広げる

　愛蘭院は現在、危機的妊娠支援センター事業に対する国の支援を求めています。これまで危機的妊娠をした女性の支援は、未婚母子施設を中心に行わ

れてきたのですが、これは法的に婚姻をしていない女性に限定されるという課題がありました。しかし、子どもと一緒に施設への入所が必要な場合、ホームレス、知的・精神・身体障害をもった妊産婦、既婚（DV、婚外妊娠）、事実婚、外国人妊産婦など、制度の狭間にいて支援から漏れてしまう場合も少なくありません。愛蘭院はいわゆる「未婚母」に限定せず、すべての危機的妊娠をした女性への支援という枠組みに広げ、必要な支援が届くように関係部署に働きかけています。

　その成果は、2018年1月に行われた「ひとり親家族支援法」の改訂にまず表れました。つまり、未婚以外の人でも未婚ひとり親家族福祉施設を利用できるようになったのです。また、愛蘭院は子どもを養育しない女性のための「共同生活支援」を行う全国で唯一の施設を運営していたのですが、上記の法改正により明確な支援の根拠がつくられました。現在このような形態の施設は全国に2か所ある状況です。

## ■その他の民間支援機関

### ●NGO LINKER

　NGO LINKER は、主に18～22歳前後の女性を対象としています。韓国は徴兵制がありますが、扶養義務者が3人以上の場合、兵役が免除される制度を悪用し、男性が妻子を残して逃げてしまう場合があります。その場合は、婚姻歴があることにより未婚母支援の対象とならず、制度の狭間に置かれてしまいます。NGO LINKER は、このような女性も対象にしています。

　この団体が得意とするのは福祉サービスをつくり出すことで、医療面では連携先の病院を開拓し、全国の大手の病院12か所と連携するところまでこぎ着けました。健診、分娩、産後ケア、送迎などの支援を無償で提供しています。住居支援については、団体所在地の京畿道安山市の住宅公団と提携を結び、団体が支援する対象者に公団が優先的に部屋を提供してくれるようになりました。

自立支援も行っていて、フリースクールを立ち上げ、高卒検定試験に加えて、バリスタ、エステ、ネイルアート、アロマなどの職業訓練を行っています。平均して自立まで3年ほどかかるようです。

● **Love the World**

　非営利団体の Love the World では、特に30代以上の危機的妊娠をした女性支援に力を入れています。女性が身近な人から詐欺に遭ったケースが多く、家族とも断絶していることも少なくありません。そのため、居場所がない女性のためのシェルター運営や、借金などによる住民登録抹消状態を解消し、公的支援へつなげるなどの支援を行っています。

## 5　他者に知られたくない妊娠——ベビーボックスの課題

● **2012年特例法（入養特例法改正）と委託児急増**

「2012年特例法」以前は、運用上実母は出生届を出さずに子どもを養子に託すことができ、それによって妊娠・出産を他者に知られたくない女性のプライバシーが守られていました。「2012年特例法」は養子縁組の許可制を導入し、未婚母のプライバシーを保護するという趣旨で、養子縁組が完了した時点で、母親の家族関係登録簿から子どもの名前が削除されるという措置が取られました。

　しかし、子どもが養子縁組されるあいだは母親の家族関係登録簿に記載されたままであること、また、子どもが養子縁組されない可能性もあり、妊娠・出産の事実を他者に知られたくない女性に対する支援に新たな課題が発生することとなりました。この問題は、ソウル市内の教会が母体となって2009年12月に設置されたベビーボックスに預けられる子どもの急増とともに、特例法改正の是非についての議論を巻き起こしました。ここに預けられる子どもは、2010年に4名、2011年に37名、2012年に79名、そして2013年には8月の時点ですでに169名となり、特に「2012年特例法」施行後の増加が顕著であるとして注目を集めました。施行前後を比べると、2011年8

月から 2012 年 7 月までの月ごとの平均人数が 4 名であったのに対し、2012
年 8 月から 2013 年 7 月までは 16 名と 4 倍に増えたのです。ベビーボックス
に預けられた子どもの人数は**図 3** で示した通りです。

「2012 年特例法」とベビーボックスに預けられる子どもの急増については、
出生届が非常に大きな障壁であり、やむを得ず出生届が出せない女性のため
に例外を認めるべきという意見と、両者のあいだに相関関係は認められず、
むしろ養育支援についての情報や、養子縁組完了の時点で母親の家族関係登
録簿から子どもの名前が削除される点などを含め、「2012 年特例法」の中身
が正確に広まるよりもベビーボックスが大々的に報道された影響のほうが大
きい、という意見が対立しました。

　お互いの主張が並行している中で、ベビーボックス運営者は、ソンサン生
命倫理研究所等の協力を得て、2017 年に「妊産婦支援拡大および秘密出産
に関する特別法（案）」を作成しました。この法律はドイツの内密出産制度
を参考にしてつくられており、柱となる内容は、相談機関の設置・運営、緊
急子ども保護所の運営、秘密出産に関する支援、秘密出産後の後見開始およ
び養子縁組の支援、血統証書の作成および中央入養院（養子縁組関連業務全

**図 3 ● ベビーボックスに預け入れられた子どもの人数の推移**

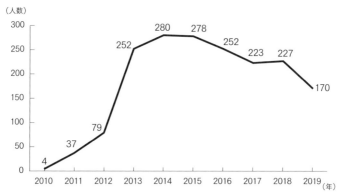

資料：主の愛共同体教会ベビーボックス『記者＆インタビュー関連情報提供』(2020)

般を担うために作られた組織。現児童権利保障院養子支援センター）にて保管、子どもが16歳になり実母の同意が得られた場合の実母の身元確認などです。この法案は2017年9月28日に呉シンファン国会議員の主催により公聴会が開催され、呉シンファンほか10人の議員より2018年2月に発議されましたが、審議されないまま廃案となりました。

● **2020年秘密出産制度についての議論の高まり**

その後、2020年10月16日に妊娠中の女性がインターネット上で子どもの養子縁組を呼びかける事件が起き、また、11月3日にはベビーボックスの前で乳児が遺棄される事件が発生しました。このような事件が立て続けに起きたことがきっかけとなり、再び秘密出産制度の導入について議論が高まっています。女性家族省は11月16日に未婚母の妊娠・出産、ひとり親の子育てを一層手厚く支援するとして対策を発表しました。

青少年未婚母に関しては相談電話事業の拡充とともに、妊娠・出産を事由とした猶予および休学を認め、学校の復学と正規教育課程履修を支援すると表明しています。さらに、未婚母の個人情報保護のための保護出産制度の導入を検討するとしました。

保護出産制度が直ちに導入されるかについては賛否両論があります。予期せぬ妊娠をした女性は非常に弱い立場に置かれており、かつ他者に知られたくないというニーズが高いとの受けとめ方も見られる一方で、求められるのは女性のプライバシー保護よりも妊娠出産に関する支援であり、子どもの知る権利に反する、との反対意見もあります。いずれにしてもベビーボックスには今もなお多くの子どもが預け入れられる状況であり、このまま民間任せにしておくのではなく、国が責任を取る形で整備されることが望まれます。

## 6 全国統一「危機妊娠緊急電話 1422-37」の誕生

上記の女性家族省の対策にも含まれていることですが、相談窓口の強化への取り組みはすでに始まっています。2019年5月には、「危機妊娠緊急電話

1422-37」が全国統一番号で始まり、17 か所の未婚母子生活支援施設が協力して電話の受信から支援まで行う体制が整いました。この事業の前身となったのは、愛蘭院が 2006 年に設置した「24 時間危機電話」になります。その後アメリカの Give to Asia 財団や G & M グローバル文化財団、ソウル市などの支援を受けながら事業を続けてきました。愛蘭院は同じ施設形態の未婚母子施設などにも声をかけ、2018 年 10 月 11 日に全国ホットラインをつくるための会議がスタートします。その後 2019 年 4 月にはソウル市共同募金委員会成果拡散型事業支援の対象となり、同年の 5 月 14 日に全国の 17 か所の未婚母子施設が参加し「1422-37 危機妊娠緊急電話」がスタートする運びとなりました。

　この緊急電話の仕組みは以下のようなものです。KT という大手の通信会社と協定を結んでおり、全国共通ダイヤル「1422-37」にかけると、発信先から住所が割り当てられ、担当の施設が電話を受けるというシステムです。協力施設はあらかじめ全国を 17 区域に分けていて、各施設が 1 区域ずつ担当することになります。このシステムが画期的なのは、相談電話から支援にスムーズにつなげられることと、いわゆる「未婚母」という枠を取っ払って誰でもアクセス可能な番号にした点です。

　今後、協力病院を見つけ、病院での受け入れ態勢が整った段階でより広報活動にも力を入れていくようです。未婚母の妊娠・出産、ひとり親の子育てを一層手厚く支援する流れの中にありますので、このシステムも遠くない将来に制度化されていく可能性が推察されます。

## 7 匿名でできる相談、出産後を見通した支援へ

　ここまで韓国における予期せぬ妊娠をした女性支援について述べてきました。韓国の状況について要約すると、「未婚の母」支援からスタートし、「すべての危機的妊娠をした女性」支援へと移行していると言えるでしょう。未婚母支援を中心的に担ってきたのは養子縁組機関で、1990 年代までは、子

どもは養子縁組で保護し、女性は短期間の入所により保護するという方法がとられてきました。

　しかし、制度的な支援がなくても、女性のニーズに合わせて支援をつくり出してきた民間機関の取り組みがあり、それらが政策に反映されるという積み重ねの中で、自立や子どもの養育にまで支援の幅が広がってきました。ひとり親家族支援法の改正により、2015年7月から養子縁組機関による未婚母子施設の運営が禁止されました。これは、予期せぬ妊娠をした女性の支援と養子縁組支援を分けるという、政策転換の象徴的な出来事でもあります。

　秘密出産法は2018年に1度廃案になりましたが、乳児遺棄が後を絶たないことから、再びその必要性について議論が高まっている状況です。しかし、重要なのは、予期せぬ妊娠をした女性に対して、匿名で相談できる体制づくりから出産前後までのきめ細かな支援の体制を整えること、とりわけ経済的困窮を抱えているケースが少なくないため、妊娠期からその後の生活の見通しがもてるような支援は非常に重要です。そのうえで、他者に知られたくない場合のプライバシー保護を図るための制度的な装置を築いていくことが求められると思います。

　2019年に発足した緊急電話は、すでに整えられている全国の未婚母子施設を活用し、さらに対象者を限定しないという試みですので、今後の展開によって、妊娠期支援に大きな進展をもたらすことが期待されます。このような仕組みが制度化され、匿名での相談機能が整っていけば、ベビーボックスへの預け入れの予防にもつながることでしょう。

## 8　日本ですすむ「にんしんSOS」相談窓口の設置

### ● 高まる乳幼児虐待への危機感

　日本の婦人保護施設は、売春行為の恐れのある女性、もしくはDV被害にあっている女性の他にも、さまざまな困難を抱えている女性にも範囲を広げていますが、産前産後を通じて妊産婦の支援を行っているのは東京都の慈

愛寮のみです。近年予期せぬ妊娠をした女性への支援に関心が高まっていますが、それは支援を必要とする未婚の女性を支援していこうとする認識が社会的に広まったためというよりも、むしろ乳幼児の虐待・遺棄への危機感に付随して起きたように思われます。

1973年に「実子あっせん」を公表した菊田昇医師は、母に望まれずに産まれる婚外子の生命と幸福を守るためには、何よりも未婚の母を保護することが前提条件であるとし、実母への配慮を重ねて主張していました。しかし、1987年に成立した特別養子制度では、家庭に恵まれない子どもに家庭を提供し、養親子の安定的な関係を確保することに主眼が置かれ、予期せぬ妊娠をした女性に対する配慮は特段なされる動きは見られませんでした。

一方、0日・0か月の子どもの虐待死をなくすことを目標に、2011年7月に厚生労働省から出された「妊娠期からの妊娠・出産・子育て等に係る相談体制等の整備について」の通知は、もはやこの問題を看過することはできないという姿勢の表れのように思います。

● **女性のプライバシー保護と子どもの出自を知る権利の保障**

さらに、2017年6月13日には「児童福祉法及び児童虐待の防止等に関する法律の一部を改正する法律案」の参議院付帯決議において、「妊娠を他者に知られたくない女性に対する相談支援の方策について検討すること」と記されるなど、予期せぬ妊娠をした女性の支援についての関心が高まっています。全国的にもにんしんSOS相談窓口の設置が増え続けており、今後は、匿名性が担保された形での妊娠相談体制を強化しつつ、医療面のみならず、学業や自立支援に至るまで包括的な支援機関として機能しうる拠点を整えていくことは非常に重要な課題だと思います。同時に、内密出産制度など、安全な分娩の保障に加えて、女性のプライバシー保護と子どもの出自を知る権利の両方に配慮された制度の導入が求められます。

日本と韓国を比較してみると、日本ではにんしんSOS相談窓口の設置がすすんでいて関係機関の連携が重視される一方、韓国では拠点となる未婚母

子施設の存在が特徴のように思います。今後両国がお互いの良い点を取り入れつつ、予期せぬ妊娠をした女性の支援のさらなる進展を期待します。

●本稿は、首都大学東京人文科学研究科『人文学報 No499 (社会福祉学 31)』(2015) に掲載された「予期せぬ妊娠をした女性の支援に関する考察─韓国の『未婚母子施設』を通して─」を加筆・再構成したものである。また、JSPS科学研究費補助金基盤研究 C「0歳児の遺棄・虐待を防ぐ実母支援体制の構築──日本と韓国の比較研究」(課題番号 15K03929) の成果の一部をまとめたものです。

● 注 --------------------------------------------------------------------------------

1  本貫とは、父系をさかのぼってたどれる最初の先祖が生まれた場所を意味する。
2  隣友保障制度は 2016 年 5 月 19 日の「家族関係登録に関する法律」改正により廃止された。
3  改正後の民法第 779 条 (家族の範囲) は下記のとおりである。
   1項　下記のものは家族とする
    1号　配偶者、直系血族および兄弟姉妹
    2号　直系血族の配偶者、配偶者の直系血族および配偶者の兄弟姉妹
   2項　第1項2号の場合は生計をともにする者に限る
4  熊本県の慈恵病院に設置されている「こうのとりのゆりかご」は、2007 年の運用開始から 2019 年度までに 155 人の子どもが預けられた。また、ドイツには少なくとも 93 か所にベビーボックス類似の施設が設置されており (床谷 2018)、1999 年から 2010 年のあいだに匿名で預けられた子どもの数は 278 人となっている〈柏木 2013〉。2011 年以降のドイツ全土のデータはない (ユルゲン・モイズィッヒ／ライラ・モイズィッヒ〈柏木訳〉2018)。このような他国の状況と比較しても、韓国の「ベビーボックス」に預けられた子どもが 2019 年末までに 1,802 人という数値の大きさが見てとれるのである. ただし、韓国の「ベビーボックス」は、現在 9 割以上実親に面談できており、この数値の中には、相談の結果自分で育てるようになった人や養子縁組に託すことになった人などが 1 割から 2 割ほど含まれている。

● 文献 --------------------------------------------------------------------------------

保健福祉省『婦女事業計画および事業指針』1983
張素英『未婚母の問題解決のための社会事業的方法の研究』梨花女子大学校大学院社会事業学科修士学位論文、1976
韓国ひとり親家族福祉施設協会『第4回危機妊娠・出産支援事業事例発表会』2019.8.29.
韓国女性開発院『未婚母実態に関する研究』1984

韓国女性家族省『未婚母父子総合対策に関する研究』2005

韓国女性家族省『2018年一人親家族支援事業案内』2018

姜恩和「韓国の養子制度に関する考察 —— 家族規範と子どもの福祉」『社会福祉学』46（2）、2005. p.29〜41.

姜恩和『韓国の養子制度 —— 家族規範の歴史的展開との関連を通して』東京都立大学大学院社会科学研究科社会福祉学専攻課程博士論文、2006

姜恩和「2012年入養特例法にみる韓国の養子制度の現状と課題 —— 未婚母とその子どもの処遇を中心に」『社会福祉学』55（1）、2014. p.63〜75.

姜英實「愛蘭院紹介資料」2018

柏木恭典『赤ちゃんポストと緊急下の女性：未完の母子救済プロジェクト』北大路書房、2013

菊田昇「実子特例法の提唱と嬰児殺の防止『ジュリスト』No.678、1978. p.130〜138.

菊田昇「特別養子制度の積み残した課題」『ジュリスト』No.894、1987. p.62〜64.

金恵英「未婚一人親観点からみた一人親支援政策」『未婚母の地位改善のための現況発掘のためのフォーラム』韓国未婚母支援ネットワーク主催、2013

金サンヨン「ベビーボックスと匿名の出産 —— 家族関係登録法の改正と関連して」『法学研究』54（4）、2013. p.315〜341.

金ユギョン・趙エジョ・盧チュンレ『未婚母の出産・養育環境の改善のための社会的支援方法』韓国保健社会研究院、2006

国家人権委員会 (2010)「青少年未婚母政策勧告最終案」https://www.humanrights.go.kr/site/program/board/basicboard/view?menuid=001004002001&boardtypeid=24&boardid=600240（2020.12.1.閲覧）

盧惠璉「未婚の親の現状と改善策について」『2018.9.12日本と韓国における危機的妊娠の相談支援 —— 妊娠葛藤から自立支援まで』シンポジウム発表資料、2018

田間泰子「日本の非婚母研究に関する社会学的課題」『女性学研究』大阪府立大学女性学研究センター論集25、2018. p.66〜81.

床谷文雄「ドイツにおける内密出産制度導入の意義と課題（一）」『阪大法学』68（1）、2018. p.1〜19.

柳由博『韓国の未婚母問題とその対策』中央大学校社会開発大学院社会福祉専攻修士学位論文、1980

ユルゲン・モイズィッヒ／ライラ・モイズィッヒ（柏木恭典訳）「Babyklappeとシュテルニパルクの18年」第14回アジアヘルスプロモーション会議シンポジウム発表資料、2018.4.15.

# ドイツ「妊娠葛藤相談所」

### 刑法でも規定、公的機関であり出産後も相談

佐藤拓代

妊娠葛藤相談所の一室
くつろいだ温かい雰囲気

## 刑法に規定、妊娠葛藤相談所とは？

　ドイツの妊娠葛藤相談所は、1992年に妊娠葛藤（Schwangerschaftskonflikten）法に定められた妊娠クライシス、誰にも相談てきない女性のための相談所です。

　ドイツ連邦共和国基本法で、「人間の尊厳は不可侵である」「受精卵が子宮に着床した後の妊娠中絶は罰せられる（ただし医学的理由がある場合を除く）」と定められています。

　これは、1989年のベルリンの壁崩壊で、妊娠3か月までは制限なく中絶ができたドイツ民主共和国（東ドイツ）と統一されたことをきっかけに、子どもの命はいつから養護されるべきか、子どもの権利と女性の権利の兼ね合い等が議論され、法律が改正されたことによります。

　刑法では、妊娠12週以内に、妊娠葛藤相談所に3日前までに相談したことの証明があれば、医師が中絶することは罰しないとされています。また、妊娠21週までは医師との面談があったうえ、妊婦の生命の危険や心身の健康を侵害する危険を避けるためには中絶が罰せられないことになりました。

## 子どもには命の権利がある

　相談は公認機関で行い、中絶手術を行う医師は相談者にはなれないことも決められています。また、クライシスにある女性への相談・助言をする目的は、「生まれていない命の保護」「産むことを励ます」「生まれる子どもとのイメージを与える」「女性が責任ある自分の良心に合う決定をすることを援助」「子に命の権利があることの認識」「中絶は例外で継続が大きな犠牲を払うとき」「クライシスを脱出する手助けを示す」と、細やかに条文に記載されています。

　この刑法にある公認の妊娠葛藤相談所を定めた法律が、妊娠葛藤法です。

## 世界観が異なるさまざまな運営主体

　運営主体は自治体、宗教団体、NPOとさまざまですが、国に認可されて運営しており、中絶が行われる施設と組織的・経済的に結びついてはならないとされています。

　さまざまな団体が運営しているということは、妊娠葛藤法で「相談者は世界観が違う相談所から選ぶことができる」という条例に基づいています。現にカトリック系

の相談所では、妊娠中絶の要件である相談したことの証明書を出さないところもあります。

## 国の認可、国家資格、賃金保障

　相談員は心理学や社会学等の学位をもつか、医師やソーシャルワーカー、社会教育士の国家資格があり、しかも継続的に研修を受けるといった専門性の高い人員を、人口4万人に1人置くとされています。ドイツの職種の中でも賃金の位置づけは高く、実際に男性の相談員も見受けられました。相談はもちろん個室で行われ、相談記録は匿名性が確保され、所管官庁へ報告もされているということでした。

　平日の日中に対面相談や電話相談、一部はメール相談に対応していて、24時間の対応はケルン市にある相談所が行っています。必要な場合には近くの妊娠葛藤相談所が紹介されています。

## 匿名で、出産・中絶後も相談可能

　妊娠葛藤法では、男女を問わず匿名で相談し、情報も受ける権利があると記されています。

　情報の内容は、「性教育と避妊」「子ども

と家族のための援助」「妊娠中の検査と出産の費用」「障害者とその家族のための援助」「中絶の方法」「中絶にともなう精神・身体的な結果とリスク」「妊娠から生じる社会心理的な問題解決の援助」「養子に関する法的・心理的な側面」です。

相談者は出産と中絶の後も相談をする権利があり、匿名を希望して子どもを養子に出す妊婦への援助や出生前診断★の検査結果と対策についての相談にも対応しています。

内密出産は、医療機関等への相談からも対応できる制度ですが、妊娠葛藤相談所が窓口として妊婦の氏名等の個人情報を厳封し、担当部署に提出します。

## 16歳以上は本人が中絶を決定できる

中絶の相談に対しては、さまざまな情報を提供し、3日間の熟慮でも中絶の意思が変わらないときに、妊娠葛藤相談所に相談した証明書を発行しています。

未成年も親に内緒で中絶について相談できます。両親と一緒にすすめたほうがよいことは伝えるものの、16歳以上ではあくまで妊娠している女性本人の意思で決め、パートナーとの同意も不要です。

中絶する場合も親に内緒で行うことが

できます。しかし、14歳未満では、政府の青少年局が介入するそうです。

妊娠葛藤相談所では、中学校等に対する性教育、障害児への性教育も取り組んでおり、出前型の教育も行われています。

★出生前に母体血から胎児の染色体異常を診断するもので、日本ではカウンセリング等の体制が整った医療機関で、21トリソミーであるダウン症候群、18トリソミー、13トリソミーを対象として行われている。

● 奈良大学教授 　床谷文雄
とこたにふみお

**海外の法制度・支援**

# 母子のプライバシーと権利を守る内密出産
## 日本で解決すべき法的・制度的な課題とは

## 1 2000年頃から始まった欧米の支援の法・制度

　思いがけない妊娠により苦境にある妊婦の支援策としては、さまざまなものが考えられます。1つには、妊娠を継続し、出産し、母と子の生活をするという判断をした場合に、その決意を支えるための支援があります。ここでは、妊娠中の定期健診等の支援と出産後の母子の生活を保障するための経済的支援など、さまざまな制度・支援が求められています。これは、女性が子とともに生きる選択をする場合ですが、妊娠を他者に知られたくない女性への法的支援を考えるにあたり、妊娠・出産を明らかにして子を育てる選択をした女性への支援については、ここではふれないことにします。

● **妊娠中絶と犯罪行為、「もらい子」の習俗**

　さて、妊娠により苦境にある女性が、妊娠をなかったことにする手段として、密かに妊娠中絶をするということがあります。しかし、妊娠を中絶させるということは、法的には自由に行うことができるものではありません。妊娠を意図的に中断させることは、「堕胎」として、刑法上、処罰されるべき

124

犯罪行為となっています。ただし、日本では、母体保護法（かつては優生保護法）によって、一定の条件の下で（妊娠22週未満に限られる）、妊娠中絶の手術を行うことができることになっています。ドイツでも堕胎を犯罪としていますが、刑法上、一定の手続き・要件の下で、妊娠中絶を処罰しないものとされています[2]。

　さらに、人工妊娠中絶をすることなく、分娩の時を迎えたけれども、出産の事実を他人には知られたくない場合、この事実をなかったことにするために、生まれた赤ちゃんを殺すこと（子殺し・嬰児殺）、あるいは路上、公衆トイレ、駅などに赤ちゃんを放置すること（子捨て・嬰児遺棄）もありますが、これらは、明らかに犯罪行為であると考えられています。

　それでは、自分が産んだという事実を世間に伏せたまま、生まれた子どもを他の人に託することは許されるでしょうか。これについては、日本では、昔から、そのようなかたちでの「もらい子」の習俗があったことが知られています。

### ● 日本の「赤ちゃんあっせん」事件から特別養子縁組制度へ

　もう50年近く前になりますが、1973（昭和48）年当時に、「赤ちゃんあっせん」事件と呼ばれたできごとが社会的に大きな話題となりました。ある医師が、妊娠中絶を希望する妊婦あるいはその親らを説得して出産させる一方で、生まれた子をわが子として育てることを希望する夫婦を地方新聞（河北新報）で募り、密かに赤ちゃんをあっせんし、引き取った夫婦のあいだに生まれた子どもであるかのように虚偽の出生証明書を作成して、その夫婦に虚偽の出生届をさせることを長年にわたり行っていたというものです。

　そのことが、全国紙（毎日新聞）で取り上げられたことにより、その行為の是非について、国会の場をも含む激しい議論を巻き起こしました。この医師の行為は、産婦の氏名・身分を偽った出生証明書をもとに、戸籍簿に虚偽の親子関係を記載させるものであり、医師としての法律上の義務に違反する違法な行為です。そして、子どもの真実の親子関係を闇に葬り、子どもの身

分関係を将来的に不安定にすることになる[3]として批判されました。

その一方で、赤ちゃんを希望する夫婦にあっせんしたのは何よりも子ども
の生命を大切にし、放っておけば中絶されたかも知れない胎児を無事に生ま
れさせるためには、やむを得なかったのではないか、むしろ人道的な行い
（緊急避難措置）であったとして、医師の行動を支持する意見もありました。
その後、この医師は、赤ちゃんを引き取って養育する夫婦の実子とする特例
を認める法律（実子特例法）をつくるべきであるという主張を、国会議員や
法学者の協力も得て幅広く展開しました。結果的には、その願い通りのもの
にはなりませんでしたが、民法等の改正により、養子と生みの親との関係を
法的に切断することができる特別養子縁組制度の導入につながりました。

### ● 欧米の赤ちゃんポストや身元を隠した出産制度の増加

出産した親から直接に育て親に赤ちゃんを引き渡すのではなく、寺院や教
会などの宗教施設、あるいは親のない子を養育する施設などに赤ちゃんを託
するということも古くから、また洋の東西を問わず、多くの国で行われてき
ました。無力な赤ちゃんを生き延びられる保証のない場所に置き去りにする
こと（捨てること）は保護責任を負う親としては許されないが、赤ちゃんを
託す場所が十分に安全であるならば、問題は少ないのではないかという考え
方から、ドイツをはじめ欧米では2000年前後から、赤ちゃんを受け入れる
設備（日本では「赤ちゃんポスト」という名称で知られています）を設置する施
設（福祉施設・病院・宗教施設等）が増えました。

さらには、妊婦が自分の身元を隠したままでも病院で安全に出産すること
ができるように制度を整え、そして生まれた子どもの養育についても法的な
配慮をしている国もあります。

本稿では、こうした妊娠を他者に知られたくない女性を法的に支援するた
めの海外の法・制度について紹介します。

## 2 女性の身元を明らかにしない出産の方法

　思いがけない妊娠を経て出産した女性が、家族や職場などの第三者に対して妊娠・出産の事実を知られたくない場合、病院などの関係者に自分の身元を明らかにしたくない場合、そして子どもを他者に託しながら、子どもの引き取り手（養育者）に対しても、子ども自身に対しても、産んだ女性が誰であるかを知られたくないと思う場合、そのとりうる方法には、大きく分けて4つのタイプがあります。そのそれぞれで、秘密を守る手順や秘密を守る範囲などが異なっています。これらを順次、見ていくことにします。

### ① 赤ちゃんポストへの預け入れ

　これは2007年に熊本市にあるカトリック系の病院（医療法人聖粒会慈恵病院）がドイツの制度をモデルにして赤ちゃん受け入れの設備（こうのとりのゆりかご）を設けたことで、マスコミ報道を通して、わが国でも広く知られるようになりました。病院や福祉施設などの社会的に見て安全な施設に設置されている赤ちゃんの受け入れ設備（ベビー・ボックス）に、母親あるいはその家族らが密かに赤ちゃんを預け入れ、設備の設置者に子どもの生命と将来を託そうとするものです。

　1999年にはヨハネスブルク（南アフリカ）に設置されていますが、2000年にハンブルク（ドイツ）のシュテルニ・パルクという福祉施設（保育所）に設置されたいわゆるベビークラッペ（Babyklappe）がドイツで大きな社会問題となったことが、ヨーロッパからアジアまで、類似の赤ちゃん受け入れ設備が設けられる大きなきっかけとなりました。このような親が自らの手で育てることができない子どもたちを捨てたり、売ったり、殺したりすることがないように、密かに預け入れることができる設備（回転箱）は、もともと中世の時代から、ヨーロッパでは教会・修道院などに存在していたのですが、歴史の中で廃れていきました。それが、シュテルニ・パルクの捨て子救済プロジェクトによって、新しいかたちで復活したものということができます。

　ハンブルクの赤ちゃんポストモデル（ベビークラッペ）は、建物の外壁に

ある扉を開け、そこに設置されているゆりかごやベビーベッドの中に密かに赤ちゃんを置いて立ち去る仕組みですが、その名称や設備の形態には多少の違いが見られるものの、急速にドイツ全土に広がり、隣国のベルギー（2000年）、オーストリア（2000年）、スイス（2001年）[6]から、チェコ（2005年）、ハンガリー（2005年）、イタリア（2006年）、ポーランド（2006年）などの欧州諸国を越えて、日本（2007年）、韓国（2009年）[7]、カナダ（2010年）、マレーシア（2010年）、中国（2011年）、米国（2016年）と、今では世界的に広がっています[8]。これらの国々では、苦境にある女性と赤ちゃん救済のためのベビー・ボックス設置の試みを法律で許容しているところもありますが、明確な法的規制がないところが少なくありません。

## ② 匿名の手渡しによる預け入れ

【ドイツ】では、赤ちゃんポスト（ベビークラッペ）型の預け入れのほか、匿名ではありますが、受け入れる側の人に手渡しで預けるタイプの施設もあります。こうした施設の場合は、預け入れに際して受け入れ先のスタッフと相談したりすることで、赤ちゃんを手放さずに自分で育てる方向に決断を変えるということも十分にあり得ます。ドイツでは、このような赤ちゃんの預け入れの方法について特に法規制はありませんが、この方法だけで実施したり、あるいは赤ちゃんポストと並んで実施している施設は少なくないようです。

【アメリカ】では、テキサス州（1999年）やカリフォルニア州（2001年）において、消防署や病院などの安全な避難場所（safe havens）へ匿名で赤ちゃんを引き渡すことが法律（Safe-haven law, Safely Surrendered Baby Law）で認められるようになり（「赤ちゃん（乳児）避難所法」と総称される）、現在では類似の法律がすべての州に広がっています。

　預けることができるのは、州によって異なりますが、生後72時間以内の赤ちゃんで、虐待のあとが見られないこと等の条件が付けられていることが多いようです[9]。

### ③ 医療機関での匿名出産

　①赤ちゃんポストへの預け入れや、②匿名の手渡しによる預け入れは、他の場所で出産した赤ちゃんを、出産後間もない母親（あるいはその家族）が預け入れの場所まで連れて行くことになり、出産そのものや移動にともなって母子の心身に生じうる健康被害などのリスクという問題があります。特に、赤ちゃんポストを利用することを前提として、医療的な補助のない自宅出産、あるいは自宅以外の場所も含めた孤立出産をする危険性が指摘されています。こうした危険を回避するために、妊娠した女性が自分の身元を明らかにしなくても、きちんと病院で医療的補助を受けて出産し、その病院に赤ちゃんを残したまま退院することを認めるという方法が考えられます。

　妊娠を他者に知られたくない女性に対し、このようなかたちで安全な出産の機会を提供する場合、「匿名出産」と呼ばれています。

【ドイツ】にも、匿名出産のサービスを提供している病院等はありますが、法律で公認されているわけではありません。ドイツ法では、法律上、出産した女性は当然に子どもの母親となりますので（ドイツ民法1591条）、本来は、親権者（ドイツ法では配慮権者）となり（同1626条）、親として子どもを養育する義務があります。出産した病院から連絡を受けて、子どもの保護を任務とする公的機関（少年局）が母親を探し出すこともあり得ます。

　これに対して、【フランス】では、妊婦が匿名で医療を受け、出産する匿名出産の制度をいくつかの法律によって合法化してきました。これについては、第3節で、もう少し詳しく紹介します。

### ④ 2014年、ドイツで実施された内密出産

　これは赤ちゃんポスト（ベビークラッペ）の是非をめぐる議論の中から、ドイツの新しい法律上の制度として考案され、2014年から実施されているものです。「内密出産」という名称は、ドイツ語（vertrauliche Geburt）を和訳したものですが、ある女性の妊娠・出産の事実を社会的に（誰に対しても）、完全に（永久に）秘密にするというのではなく、妊婦（母親）が特定の信頼

できる人（妊娠相談専門員）に対しては自分の身元を明らかにしつつも、それ以外の人には自分の妊娠・出産の秘密を明らかにしないことを制度的に保障しているところに特徴があります（vertraulich は手紙の「親展」に当たることばです）。妊娠の事実を他者に知られたくない女性に病院等での安全な出産の機会を提供するための新しい法的支援のかたちとして、日本でも注目されているものです。これについては**第4節**で、さらに詳しく紹介します。

## 3 合法化されたフランスの匿名出産

### ● 匿名出産の法的整備の流れ

　フランスでは、1941年の法律で、すべての女性は、公的医療施設において、分娩前後の期間、身元を明らかにすることなしに、無料で医療を受けられることを認めました。

　その後、1986年の家族社会扶助法典では、身元の守秘を要求した女性の入院分娩費用を児童社会扶助機関が引き受けることを規定し、匿名出産をした女性の身元調査をしないものとしています。

　ただし、自己の出自を知る権利（子どもの権利条約7条）に違反するとの指摘もあったことから、2002年の法律（養子及び国家被後見子の出自へのアクセスに関する法律）では、匿名出産をした女性が自己の身元等について書いた文書を封印して、「人の出自へのアクセスに関する国家諮問委員会」（Conseil National pour l'Accés aux Origines Personnelles:CNAOP）という国の機関に提出しておくことを可能にしました。[10]

### ● 女性の身元を明らかにしない出生登録が可能

　さらにフランスでは、匿名で医療を受けられるだけではなく、産んだ子どもとのあいだでの法律上の母子関係自体の成立を回避することができます。つまり、フランス法では、分娩した女性を子の母と民法で規定するドイツ法や、判例により分娩者を原則として母とする日本法と異なり、子どもを産んだ女性が法律上、当然に母になることはありません。子どもの出生証書に母

として表示されている場合は、母とされることになりますが（フランス民法311条の25）、子どもの出生登録をする際に、女性の身元を明らかにしないで出生登録をすることが認められています（accouchement sous X）。

　母子関係が存在していることを示す十分な事実があり、家族、隣人ら、また行政機関にも親子と認められているような場合は（身分証明書・旅券の交付など）、母子として認められますが（これを「身分占有」による親子関係の確立と呼びます。フランス民法310条の1）、こうしたものが存在しないときは、母であることを認知することで母子関係が確立するものとされています。

● **フランス社会に定着する匿名出産**

　フランスの匿名出産は、1993年の法律によって民法典の中に規定が設けられて身分関係上も公式に制度化されました（フランス民法326条）。匿名出産制度については、自己の出自を知る権利を保障する欧州人権条約に違反しているのではないかという主張があり裁判で争われましたが、欧州人権裁判所は、2003年に、フランスの匿名出産は欧州人権条約には違反しないという判決を下しています。

　また、2005年には、匿名出産の子については、母の捜索の訴え（母子関係の確立を目的とする訴え）は認められないことが定められました。

　その後、2009年の法律（オルドナンス）では、匿名出産の場合でも、母の捜索の訴えをすることが認められましたが、実際には、母子関係が確立されるのは不可能ではないにしても、困難であろうといわれています。

　現在のフランスには赤ちゃんポストは存在していないといわれていますが、匿名出産の制度は社会に定着しており、年間600件から700件の匿名出産が行われていると推測されています。

## 4 ドイツの新しい内密出産制度の意義

### ① 内密出産の法体系

　この新しいドイツの制度は、「妊婦支援の拡大と内密出産の規律のための

法律」(2013年8月28日法。以下「内密出産法」という)によって法的に基礎づけられ、2014年5月1日から施行されています。内密出産制度は、妊娠を他者に知られたくない妊婦に対する内密での妊娠相談、病院での匿名での出産とケア、母親を明らかにしないかたちでの子どもの出生登録、児童保護機関による適切な養子縁組の手続きとの連携、将来的な子どもが自己の出自を知る権利の保障から構成されています。

　これらを実施するのに必要な体制をつくるため、内密出産法では、妊娠葛藤相談を含む妊娠相談全般について規律する「妊娠の葛藤状態の回避及び克服のための法律」(以下「妊娠葛藤法」という)に内密出産相談の手続きを組み込み、内密出産で生まれた子の親権(配慮権)や養子縁組に関する「民法」の規定の改正、出生登録の方法に関する「身分登録法」の改正、内密出産で生まれた子にドイツ国籍を認めるための「国籍法」の改正のほか、関係法律に所要の改正をしています。

**② 妊娠相談所での内密出産相談**

　ドイツでは、妊娠・出産に関する相談所の体制が整っています。不妊、避妊・家族計画などの通常の妊娠にかかわる全般的な相談に加えて、特に、人工妊娠中絶に関する妊娠葛藤相談が法制度的に重要な意義を有しています。妊娠中絶が許容される範囲については、胎児の生命の尊厳の観点から、激しい憲法論争が巻き起こり、1993年5月28日、連邦憲法裁判所で違憲判決が出されました。これを受けて、1994年に、堕胎罪に関する刑法の改正(刑法218〜219条)があり、妊娠中絶が処罰されないための要件として、中絶手術を受ける前に、特に認可を受けた妊娠葛藤相談所において、資格のある相談者に相談する義務(相談したことの証明書の取得)が課されています。

　この妊娠中絶のしくみの一環として導入され、長年の実績を積んできた妊娠葛藤相談制度の経験を基盤として、妊娠相談の中に新たに内密出産の相談制度(妊娠葛藤法25〜34条)が組み込まれたものです。妊娠相談所は、キリスト教系の福祉団体が運営するものなど全国に数多く存在しており(1600

か所以上あるといわれています)、専門的に妊娠相談に応じられる人材の養成、相談の水準の維持・向上のための研修の機会の提供、妊娠相談に関する情報の提供などに取り組んでいます。

　内密出産の相談は、まずは、一般的な妊娠相談として、匿名を望む妊婦の心理的・社会的な葛藤問題を解決するために、包括的な支援に向けた相談が行われます。その段階で、通常の出産に気持ちが向かうこともあるわけですが、支援に向けての相談を経ても、なお匿名での出産を希望する妊婦に対しては、第2段階として、内密出産に向けた相談が行われ、内密出産の手続きや法的効果についての説明がなされます。子どもに対する父親の権利についての説明、内密出産した子どもについて考えられる養子縁組の手続きについての説明がなされ、いったん内密出産した後でも母親は匿名性を放棄することはできること(養子縁組が成立していなければ子どもを引き取ることもできること)、また、子どもには自己の出自を知る権利があること、それ故、子どもが将来、母親が残した記録などを閲覧する手続きが用意されていること、その際の母親と子どもの利害の調整を家庭裁判所が行うことなどの情報が与えられます(妊娠葛藤法25条)。

　相談後、それでもなお内密出産を希望する妊婦は、相談員に対して、自己の身元を明らかにした出自証明書(Herkunftsnachweis)を託します。この出自証明書には、母親の氏名、生年月日、住所が記載されますが、それを封筒に収めて封じます(妊娠葛藤法26条)。妊娠相談所で、内密出産の手続き上用いる妊婦の仮名および妊婦が希望する子の名を定め、封筒の表には、その中に出自証明書が入っていることと母親の仮名を書き入れます。さらに、出産後には、子の出生地、生年月日、出産した病院等の名と住所を記載することになっています。この封筒は、妊娠相談所からケルンにある連邦家族市民社会問題庁(Bundesamt für Familie und zivilgesellschaftliche Aufgaben)に送付されて厳重に保管されることになります(妊娠葛藤法27条)。当然のことですが、妊婦の相談を受けた専門相談員は、当該内密出産についての守秘義

務を負っています。

連邦政府は、内密出産制度を導入するにあたり、内密出産の相談など妊婦支援体制の拡大について広く周知させるために、さまざまな啓発活動に取り組んでいます。[17]

### ③ 匿名による出産と出生の届出

妊娠相談所は、内密出産に対応可能な病院等の中から妊婦が選択した病院等に対し、内密出産を望む妊婦が存在することを通知します。そこで妊婦は仮名で出産することができ、出産の前後にかかる費用は、すべて国が負担することになっています。出産後、病院等から妊娠相談所に対して、出産した日時等の事実が通知され、さらに妊娠相談所から養子縁組あっせん所に対して通知がされます（妊娠葛藤法 26 条）。

ドイツでは、子の出生の届出（出生登録）は、原則として、出生から 1 週間以内にすることになっていますが（身分登録法 18 条 1 項）、内密出産の場合は、仮名で出生登録をすることが許されています（同条 2 項。出生登録記録に記載はされません）。届出義務者は、親権（配慮権）者である父母の一方（身分登録法 19 条）または病院等の施設長等（身分登録法 20 条）です。内密出産の場合は、病院長からの出生の届出が利用されるのではないかと思われます。

届出を受けた身分登録所は、子の名と母親の仮名を連邦家族市民社会問題庁に通知します（妊娠葛藤法 26 条）。そして、同連邦庁は、妊娠相談所から送付された出自証明書の封筒の表に、身分登録所から通知された子の名前を記載することになります（妊娠葛藤法 27 条）。

このようにして、内密出産制度は妊婦が匿名で出産して、出生登録上も母親が誰かわからない状態にすることを法的に可能にしましたが、法律上の母子関係の成立ルールに例外を設けるものではありません。つまり、ドイツ民法では「分娩した女性を子の母とする。」（1997 年改正後の民法 1591 条）と規定されていることとの関係上、出生の届出をするか、しないかにかかわりな

く、あるいは、出生登録証書に母親として記載されているか、いないかにもかかわりなく、出産した女性は、分娩により、当然に生まれた子の母親としての身分を取得し、その子どもを保護する法律上の義務を負うことになります。しかし、そうはいっても、実際上は、母親が扶養義務の履行を求められることはありませんし、匿名のかたちでの出産に対して、医療的保護とともに法的安定性が与えられています。

　なお、内密出産制度施行後も、従来からの赤ちゃんポスト（ベビークラッペ）や匿名での子どもの引渡し、匿名出産の方法をとることは、明確に禁止されたわけではありません。つまり、これらは依然として、法的にはグレーゾーンにあるということができます。赤ちゃんポスト（ベビークラッペ）に委託された子どもは、他の場所への捨て子と同様に行政官庁が命名し、出生登録することになります。赤ちゃんポスト（ベビークラッペ）については、刑法上の扶養義務違反の罪（ドイツ刑法170条）、保護義務違反の罪（同171条）に該当する疑いがあるとの指摘もありますが、内密出産制度では、こうした問題は生じません。

#### ④ 少年局との連携（官庁後見）による子の保護

　内密出産制度においては、生まれた子どもの保護を完全にするために、児童保護機関である少年局（Jugendamt）との連携が図られています。つまり、妊娠相談所から、少年局に対して、内密出産を希望する妊婦がいること、その仮名、出産予定日、出産する予定の病院等について通知をすることになっています（妊娠葛藤法26条）。そして、内密出産で生まれた子については、民法上、親の配慮権（親権）は停止されることになっていて（ドイツ民法1674a条）、その子に対しては、少年局による官庁後見が行われます。

#### ⑤ 内密出産で生まれた子の養子縁組

　内密出産で生まれた子は、多くの場合、両親の不明な子として、その養育環境を保障するために、養子縁組の対象となると考えられています。そのため、養子縁組がスムーズに行えるように、特別の規定が置かれています。す

なわち、内密出産の親は、先に述べたように、親の親権（配慮権）が停止するものとされ、養子法の規定上も、永続的な行方不明者として取り扱うことになっており、養子縁組の重要な要件である親の同意が不要となります（ドイツ民法1747条4項）。もっとも、ドイツ法では、8週間の間、新生児について父母の養子縁組への同意ができないことになっているため（同条2項）、その間は里親あるいは託児所・児童保護施設で預かり、少年局による後見の保護の下で、養子縁組のあっせんが行われることになります。なお、ドイツ法では、未成年者について養子縁組の決定がされたときは、日本の特別養子縁組と同様に、原則として、養子と実方親族との親族関係は消滅します（ドイツ民法1755条）。

### ⑥ 子の出自を知る権利の保障と母親のプライバシー保護

　従来の赤ちゃんポスト（ベビークラッペ）では、子どもの出自を知る権利との抵触が問題とされてきました。ドイツでは、連邦憲法裁判所によって（1988年1月18日決定）、子が出自を知る権利が憲法上の権利として基礎づけられています。そのため、匿名出産を制度として公認することは、自己の出自を知る権利を法律が積極的に制約することになるため認められない、という強い批判がありました。

　そこで、新しい内密出産制度では、子どもの出自を知る権利と、思いがけない妊娠によって危機に瀕した、妊娠・出産の事実を他者に知られたくない女性の自己の秘密（プライバシー）を守る権利の両立を実現するための仕組みを採用しています。すなわち、女性は出産の際には、自分の身元を明らかにすることを求められないのですが、その秘密が永続的に守られることまでは保障されていません。つまり、16歳になった子は、母の身元に関する書類（出自証明書）を閲覧することができるものとされています（妊娠葛藤法31条）。この16歳という年齢は、通常の養子縁組の場合に、養子が自分に関係する養子縁組の記録（身分登録証書の入手。身分登録法62条参照）へのアクセスを認められる年齢と同じです。

他方、女性のプライバシー保護の観点から、子が15歳になった後、その時点においても、母が出産の際に残した出自証明書を子が閲覧することを望まないときは、母親は、妊娠相談所に対して、子が出自証明書を閲覧することに反対の意思を表示することができます。その際、妊娠相談所は、母親に対し、子が出自証明書を閲覧する権利の意義（子は裁判所に訴えることができること）などについて助言します。それでも、母親が閲覧に反対するときは、母親は、相談所に対し、母親に代わって訴訟を担当する者を伝えることになっています。そして妊娠相談所は、出自証明書を管理している連邦庁にその旨を通知します（妊娠葛藤法31条）。これにより、連邦庁は、子に対して閲覧を拒否することになります。

　その後は、裁判所で解決を図ることになります。つまり、子は、家庭裁判所に対し、出自証書の閲覧について申し立てをすることができます。この申し立てを受けた家庭裁判所は、その時点においても出産の秘密を守ることにおける母親の利益（閲覧によって母の身体・生命・健康・人格の自由・その他保護に値する利益を害するおそれ）と子の利益（子の出自を知る権利）を比較衡量して、閲覧の可否を決定することになります（妊娠葛藤法32条）。家庭裁判所の裁判官は、きわめて難しい判断を迫られることになりますが、子の出生から16年間のあいだに、母自身が成長し、またその置かれている状況が改善されていることも考えられます。閲覧の申し立てが却下された場合は、子は、3年間は再度の申立てをすることができません。将来的には、子の出自を知る権利がより重視されていくものと思われます。

　内密出産制度は、危機に瀕した妊婦と保護を必要とする子どもの支援者（妊娠相談所の相談員その他の専門家・児童保護専門機関）とのあいだの信頼関係を基礎とするものであって、専門家による助言・カウンセリングの効果が期待されています。出産時における母子の生命・健康の尊重を第一に考えながら、匿名性を保持することにおける母の利益と子の出自を知る権利を調和させようとする困難な試みなのです。この試みが成功するかどうかは、制度

導入から 16 年が経過してみなければはっきりとはしませんが、出自を知る権利が全く保障されない匿名型の出産を少しでも減少させる方向に働いているとすれば、一定の成功をもたらしていると評価することができます。

⑦ 内密出産制度施行後の評価

　内密出産制度については、法施行から 3 年後に評価して結果を公表することが法律上予定されていました。その予定通り 2016 年 9 月末に調査が実施され、分析を加えて、2017 年 7 月に『実施評価報告書』が連邦家族・高齢者・女性・少年省（以下「連邦家族省」という）から公表されました[18]。それによれば、新制度は、おおむね妊娠相談所等の妊婦支援および児童保護の関係者・諸機関には好意的に受け止められているようです。新法施行から 2016 年 9 月末までの期間に 1200 人以上の女性が内密出産の相談をしています。その結果、推計では、内密出産を選択したのが 20％、子と一緒に暮らす生活を選択したものが 26％、通常の養子縁組の手続きを選択したものが 15％、赤ちゃんポスト（ベビークラッペ）を利用するものが 4 ％、妊娠中絶を決断したものが 8 ％でした（残りは不明その他）。内密出産につながったものとして、249 件の出自証明書が連邦庁に委託されています（その内、11 件は後に匿名が放棄されたことにより返却されました）。

　内密出産制度の導入に対しては、新たな捨て子の呼び水となるという批判（需要喚起論）もあります。しかし、少なくとも、従来の匿名型の出産と捨て子は、2014 年には減少したと評価されています。実施評価報告書によれば、内密出産制度の導入による相談・支援制度の拡大等がなければ通常の匿名でない出産となったと思われるものが内密出産に移行した部分（A）もあれば、従来の匿名出産型となったはずのものが内密出産に移行した部分（B）もあります。その一方で、新制度ができても、それを利用することなく従来の匿名出産型にとどまった部分（C）もあります。それらの関係について見れば（2014 年についての推計）、新制度に影響を受けていない部分（C）が最も多いようですが、匿名出産型から内密出産に移行した部分が多く見られます

（Ａ＜Ｂ）[19]。総合的に見て、内密出産制度の導入は成功であったというのが連邦家族省（連邦政府）の評価です。

その後も連邦家族省は内密出産の調査を継続しており、2014年5月から2019年4月までに570件（1年当たり約110件）の内密出産があったということです[20]。

## 5 日本でも喫緊の総合的な内密出産制度

今、日本においてもドイツ法を参考にして、内密出産制度を導入すべきであるとの主張があります。「こうのとりのゆりかご」を運営している熊本市の慈恵病院では、積極的に、熊本市と厚生労働省に働きかけており、日本型内密出産制度の構想を具体的に提示して導入をめざしています[21]。

果たして、日本においても、ドイツのような「内密出産制度」の導入は必要であり、また、それは可能なのでしょうか。

### ① 医療機関への法的整備と経済的保障

内密出産制度の基本的な枠組みは、危機に瀕した妊婦に対する妊娠相談制度を充実させること、安全な医療機関での仮名での出産を可能にすること、母親が不明なかたちにして子の出生登録をすることを認めること、母の秘密保持と子の出自を知る権利の調整のための制度を確立すること（母の身元を明らかにする出自証明書の作成と管理、子の閲覧の規制）、出生後の子の養育環境を整えるための妊娠相談・医療と児童福祉との連携を確立すること、など多様なものから成っています。

妊娠相談の充実と関連機関とのネットワークが必要なことは明らかであって、それは一定程度、すすみつつあります[22]。医療機関が妊婦の実名を知らずに出産のサービスを提供することは、緊急医療事態（飛び込み出産、破水し出産が始まった状態で運び込まれた場合など）の場合を除けば、現状ではほぼないのではないでしょうか。妊婦が身元を示すものを所持しておらず、偽名を使ったようなときは、医療機関としては、意図しないで、匿名での出産に

協力することになることも考えられます。しかし、経費の負担や、万一の出産時の事故の発生の可能性を考慮するならば、妊婦の身元を明らかにしないままでの出産と出産後の対処を継続することは、医療機関を困難な状況に陥らせます。この点についての医療機関の負担をなくするためには、やはり明確な法的整備と経済的保障が必要でしょう。

## ② 出生の届出と戸籍の編製、子どもの命名

　次に、出生の届出とそれによる戸籍の編製の問題があります。慈恵病院からの問い合わせに対して、法務局（熊本法務局）は、母の氏名の記載のない出生証明書を添付して分娩に立ち会った医師からなされた出生の届出が不備（遺漏）のある届出として受理されないときは、最終的には、市町村長による職権記載の可能性があるという回答をしたということです。戸籍法では、錯誤遺漏のある戸籍記載の訂正について、届出人に通知しても、戸籍訂正の申請がないときは、法務局の許可を得て、市町村長が職権で戸籍訂正をすることができ（戸籍法24条）、また届出を怠った者があるときは、届出義務者に届出の催告をし、それでも届出がないときは、職権記載が可能であることが定められています（戸籍法44条）。

　届出を受理したが届書に不備があるため戸籍の記載をすることができない場合についても、同様の手続きを踏んでの職権記載が可能です（戸籍法45条）。これらの規定から考えれば、少なくとも、子どもが生まれた事実は市町村長に届け出られているので、その子を無戸籍の状態に置かないために、職権による記載が行われることはありうるでしょう。[23]

　仮に、母不明の状態で子の戸籍を職権で記載する場合には、基本的には、現行戸籍制度上の棄児の出生届出（戸籍法57条）に準じて、[24]子の氏名は、市町村長が定めることが考えられます。ドイツ法では、子の名の候補を母親が決めて妊娠相談所の相談員に託すことができることになっていますが、日本の現行制度でこれに近い状態を実現しようとする慈恵病院の案では、医療機関（病院長）が母親から子につけたい名の希望を聞き取り、出生の届出の際

に、それを記載して市町村長に届け出て、市町村長がそれを参考にして子の名を定めるかたちになるものと思われます。

### ③ 母親匿名による養子縁組の法整備

ドイツ法では、内密出産の子については、妊娠相談所と少年局（児童保護機関）および養子縁組あっせん所が連携して、出生前から養子縁組の準備をすすめ、出生後8週間の親の同意の禁止期間を過ぎれば、すぐに養子縁組の手続きに入ることができるようにしています。日本法でも、2019（令和元）年の法改正で、特別養子縁組（実父母との親族関係が終了する養子縁組）の手続き上の制限が加わりましたが、準備をすすめることについての制約はありませんので、出産後すぐに養子縁組の手続きにすすめることができます。

しかし、母親がその身元を隠しているという事実を、医師（病院長）を通じて児童相談所（長）が認識している場合、母の身元調査をしないままに、児童相談所（長）が養子縁組の手続き（特別養子適格の確認の請求。児童福祉法33条の6の2）にすすむということは、児童保護機関としては考えにくいのではないでしょうか。母親が身元を明らかにせず、子に対する親権を行わないということになれば、児童相談所が一時保護をして、児童相談所長がその子の親権を行うことが考えられます（児童福祉法33条の2）。こうした場合に、病院や児童相談所（長）が母親の身元を知りながら、それを公的には秘匿しつつ、匿名での母親の同意を得て、養子縁組の手続きをすすめることができるようにするためには、やはり、明確な法制度上の手当が必要になるものと思われます。

### ④ 女性のプライバシー権と子どもの出自を知る権利

ドイツ法の内密出産は、女性の秘密（プライバシー）保持と子の出自を知る権利の調和をめざしています。日本法では、出自を知る権利がいまだきちんと実定法化されていませんが、それが重要であることは、十分に認識されています（子どもの権利条約7条）。病院や児童相談所が母親の身元を知っている場合に、その女性のプライバシー権と子の出自を知る権利との調整をす

るためには、子の年齢・成長に応じた対応が求められますし、妊娠から出産、そして、その後の長い期間を通じた女性への支援制度の充実も必要です。

　母と子が出自をめぐって対立するときに、その母と子に対してカウンセリングなどの支援を提供することができる場とその担い手の整備も必要となります。ドイツ法における最終的な家庭裁判所での利害調整（司法関与）のあり方も参考になりますが、日本の家庭裁判所でも同様のことを行うことができるのか、今後の大きな課題となるものと思われます。

　これまでに述べてきたことを考え合わせてみますと、妊娠を他者に知られたくない女性の出産に向けた法的支援として、同時に生まれてくる子どもの将来にわたる継続的な支援として、ドイツが導入した内密出産制度を中心とする総合的な施策の充実が、日本においても必要であると思われます。解決すべき法的・制度的な課題はたくさん残されていますが、喫緊の政策課題[26]として取り組んでいくべきであると思います。[27]

　●本稿は、JSPS科学研究費補助金・基盤研究（B）「匿名による子どもの委託と生殖補助医療における出自を知る権利に関する日独比較研究」（研究代表者：トビアス・バウアー熊本大学准教授、課題番号19H01186）の成果の一部です。

●注 --------------------------------------------------------------------------

1　「妊娠を他者に知られたくない女性」は、佐藤拓代執筆第Ⅰ章の「誰にも言えない妊娠（妊娠クライシス）」と同義ですが、本稿では法的・制度的な課題について述べることから、このように表記しています。
　　2017年6月21日に公布された「児童福祉法及び児童虐待の防止等に関する法律の一部を改正する法律」の参議院附帯決議において、「予期せぬ妊娠をした妊婦や養育困難と見込まれる妊婦に対する支援については、妊娠中から特別養子縁組も視野に入れて児童相談所や民間団体との連携を深めること。また、妊娠を他者に知られたくない女性に対する相談支援の方策について検討すること。」（下線は筆者）が掲げられました。
2　ドイツでは、母体の生命や身体・精神の健康への危険を理由とする妊娠中絶、犯罪による

妊娠を理由とする中絶は処罰されませんが、それ以外の場合には、中絶を希望する受胎後12週以内の女性が、医師による施術の3日前までに、認可された妊娠葛藤相談所において相談をした旨の証明書を有することを妊娠中絶が処罰されないための要件としています（ドイツ刑法218a条）。

3　虚偽の出生届により他人の子を実子として養育することは「藁の上からの養子」と呼ばれます。法律上は、この出生届によって実親子関係が成立するものではありませんし、正規の養子縁組届でもないので、養親子関係が成立することもありません。

たとえ何十年後であっても、虚偽の実親子関係であることが明らかになれば、子どもは、戸籍上の親の子としての身分を失う危険があります。

もっとも、事情によっては、その戸籍上の親子関係が事実に反することを裁判で法的に確認することが、権利の濫用になるとして認められないこともあります（最判平成18年7月7日民集60巻6号2307頁）。

4　慈恵病院の取り組みおよびドイツの制度との関係については、次の書籍に詳しく紹介されています。

蓮田太二・柏木恭典『名前のない母子をみつめて ── 日本のこうのとりのゆりかご　ドイツの赤ちゃんポスト』北大路書房、2016年

5　「こうのとりのゆりかご」の発足以来の10年の歩みを追跡取材して実情をまとめた次の書籍に、マスコミの関心、報道機関としてのアプローチの一端が示されています。

NHK取材班『なぜ、わが子を棄てるのか ──「赤ちゃんポスト」10年の真実』NHK出版新書、2018年

6　ドイツおよびドイツ語圏における赤ちゃんポストの制度の実情ならびにこれをめぐる議論については、次の書籍に詳しく紹介されています。

柏木恭典『赤ちゃんポストと緊急下の女性 ── 未完の母子救済プロジェクト』北大路書房、2013年、pp.59-169.

7　韓国の状況については、本書姜恩和執筆（第Ⅲ章）を参照してください。

8　2018年4月14日・15日には、熊本市において、11か国（米国、中国、ドイツ、日本、インド、韓国、ラトビア、ポーランド、南アフリカ、ロシア、スイス）のベビー・ボックス運営の状況に関する国際会議が開催されました（アジアヘルスプロモーション会議）。

9　アメリカの赤ちゃん（乳児）避難所法については、次の論文に紹介されています。

三枝健治「アメリカにおける『赤ちゃん避難所法（Safe Haven Law）』（一）いわゆる赤ちゃんポストの是非を巡って」『早稲田法学』83巻4号、2008年、pp.65-108.

吉田一史美「米国のInfant Safe Haven Laws ── 新生児の生命保護をめぐる政策とその課題」『立命館人間科学研究』36号、2017年、pp.33-42.

10　後に成長した子どもが自己の出自を求めてきたときに、CNAOPは、母親の同意を得て、その文書の情報を子どもに与えることが可能となっています。

11　フランス民法326条では、「出産に際して、母は、その入院及び身元の秘密が守られることを請求することができる。」と規定しています。

これについては、田中通裕「注釈・フランス家族法（12）」（『法と政治』64巻4号、2014年、

p.281）に解説があります。

12 フランスの匿名出産制度の欧州人権条約適合性に関する欧州人権裁判所の判決については、床谷文雄「匿名出産と Babyklappen」（『阪大法学』53巻3・4号、2003年、p.184）に詳しく紹介しています。

13 田中通裕「注釈・フランス家族法 (12)」（『法と政治』64巻4号、2014年、p.281）参照。

14 妊娠葛藤法 (Gesetz zur Vermeidung und Bewältigung von Schwangerschaftskonflikten (Schwangerschaftskonfliktgesetz - SchKG)) の解説及び翻訳として、次の文献があります。
渡辺富久子「ドイツにおける秘密出産の制度化 —— 匿名出産及び赤ちゃんポストの経験を踏まえて」『外国の立法』260号、2014年、pp.65-82.

15 妊娠葛藤相談の意義および妊娠葛藤相談所の役割については、次の書籍で詳細に述べられています。
小椋宗一郎『生命をめぐる葛藤 —— ドイツ生命倫理における妊娠中絶、生殖医療と出生前診断』生活書院、2020年、pp.16-69.

16 一般の妊娠相談所でも、妊娠中絶につき特に認可を受けた妊娠葛藤相談所でも、十分な体制が整っていて、専門相談員がいる場合には、内密出産の相談に応じることができます（妊娠葛藤法28条）。

17 内密出産に関するウェブページの設置（インターネットによる情報提供）、無料電話相談（24時間、18言語による対応）、リーフレット、パンフレット、ポスター、ステッカーなどの作成・掲示などを行っています。

18 この報告書については、トビアス・バウアー准教授（熊本大学）らの科研費共同研究による抄訳が、熊本大学学術レポジトリーとして公開されています。

19 山縣文治ほか「こうのとりのゆりかごと子どもの権利 —— 内密出産制度への展開の可能性」（『子どもの虐待とネグレクト』21巻2号、2019年、p.216）に紹介があります。

20 連邦家族省からの内密出産法施行5年後の結果報告（2021年1月11日閲覧）による。
https://www.bmfsfj.de/blob/141864/fe916a317e20cc6944d1b51c2717be19/auswertung-vertrauliche-geburt-gesetz-bmfsfj-data.pdf
なお、トビアス・バウアー「赤ちゃんポストから内密出産制度へ —— ドイツのモデルは日本にも取り入れ可能なのか」（『月報司法書士』2019年8月号、p.36）によれば、2019年5月末まで含めると内密出産の子は582人になっています。新制度施行後、内密出産は1月当たり9〜10件程度でしたが、漸増しており、2020年は151件（1月当たり12.6件）で、2020年末までの総数は813件となったとのことです（連邦家族省からトビアス・バウアー氏に提供された情報による）。

21 熊本市において開催されたベビー・ボックスに関する国際会議（注8参照）で、慈恵病院の蓮田健副院長（現在、院長）が発表しています（2018年4月15日）。
また、同氏は、熊本大学で開催された国際シンポジウム「ドイツの内密出産制度に学ぶ—新しい母子救済支援の可能性を探る」においても、「日本で内密出産は実現可能か？－似て非なる日独社会？」と題して、その構想を明らかにしています（2018年8月22日）。

これについては、熊本大学の学術レポジトリーとして公表されています。

慈恵病院では、2019年12月から内密出産受け入れを開始しましたが、2020年12月半ばまでに実例は出ていないようです。

熊本市は、法令違反の可能性を否定することは困難として、慈恵病院に内密出産の実施を控えるように要請しています。

22　本書佐藤拓代執筆（第Ⅰ章）を参照してください。

23　戸籍先例には、出生の届出義務者に対し催告をしても届出がない場合、家庭裁判所からの戸籍法24条3項による通知に基づき職権で記載することができるとしたものがあります（昭和44年11月25日民事甲2620号回答）。

24　遺棄された状態で発見された新生児で、父母が不明なものを棄児と称しますが、棄児発見の申し出があったときは、市町村長は、氏名をつけ、本籍を定め、かつ、附属品、発見の場所、年月日時その他の状況ならびに氏名、男女の別、出生の推定年月日および本籍を調書に記載します。この調書は届書とみなされて、戸籍に記載されることになります（戸籍法57条）。

慈恵病院の提示している内密出産方式の場合、出産した女性は身元を明らかにしていないが、その人が生まれた子の母親であることは明らかであり、医師（病院長）から出生届も出されているため、棄児にはならないと思われます。

もっとも、病院で嫡出でない子を出産した女性が、本籍の符合しない出生届書を提出したまま行方不明となったため、子を母の戸籍に入籍させることができない状態において、警察から出生子について棄児発見の申し出があった場合、当該出生届に基づき市町村長は、適宜の場所を新本籍と定めて出生子につき新戸籍を編製し、棄児発見の申出書は、出生届と一括して保存するという戸籍先例があります（昭和36年10月11日民事甲2556号回答）。

25　2019（令和元）年の特別養子制度改正（2020年4月施行）により、特別養子縁組に対する父母の同意（民法817条の6）について、撤回が制限される同意の方式が定められるとともに、子の出生から2か月以内は、撤回のできない同意をすることは認められず、特別養子適格の確認の審判をすることもできないものとされました（家事事件手続法164条の2、239条）。

26　床谷文雄「ドイツにおける内密出産制度導入の意義と課題（二・完）」『阪大法学』68巻6号、2019年、pp.1109-1127.

27　厚生労働省子ども家庭局の平成30年度子ども・子育て支援推進調査研究事業として、「妊娠を他者に知られたくない女性に対する海外の法・制度に関する調査研究」が実施され、その詳細な調査結果が受託者である三菱UFJリサーチ＆コンサルティング株式会社のウェブサイトで公表されています。

https://www.murc.jp/wp-content/uploads/2019/04/koukai_190426_7.pdf

筆者はこの調査研究に学識経験者として関わり、そこで得た情報の一部を本稿でも活用させていただきました。

## フランスの匿名出産

個人の決断を法が守る「自由・平等・博愛」

赤尾さく美

リラックスできる
雰囲気の
民間団体MOISE の
相談室

### 匿名出産とは？

フランスでは、17世紀には匿名出産の原型のようなものが存在し、1793年に匿名出産が公的に認められました。それから約230年経った現在まで、徐々にこの制度を取り巻く女性への支援と、子どもや養親の権利保障のために、さまざまな議論のうえで法整備がすすめられてきました。

匿名出産とは、名前や生年月日、住所など、身分を明かさないまま出産でき、子どもは父母の名前のない出生証明書をつくることができる制度です。

現在、フランスで匿名出産により生まれた子どもは、2か月間実母の意思が変わらなければ、国家被後見子となり養子縁組さ

れます。が、この2か月間は、実母が子どもの返還を求めることができます。

子どもの出自を知る権利を担保するために、実母が話した出生の経緯に関する情報や、生まれたときの子どもの情報は県で保管されます。

また、実親の名前や生年月日といった個人が特定できる身元情報は、実母が残すことを希望すれば、厳封されて国家諮問委員会(CNAOP)に保管されるか、厳封せずに県で子どもの情報と一緒に保管されます。

子どもは、18歳を超えるとCNAOPにある身元情報にアクセスすることができ、実母の同意があれば再会支援も受けることができます。

## プライベート情報を聞かれる日本

日本では、女性が出産するにあたり、とてもプライベートな情報を医療機関や公的機関で話すことになります。

名前、現住所、電話番号、職場や学校名、相手は誰か、どういう状況で妊娠したのか、どんな話し合いをしたのか、保険の種類は何か、身元保証人は誰か、お金はあるか…等々、受診した病院でも、母子健康手帳をもらうために訪れる保健センターでも、根掘り葉掘り聞かれます。

保健センターでは、母子健康手帳をもらうときの面接が必須となりつつあるため、この詳細な聞き取りは避けられない仕組みとなってきています。そして、何より最も妊娠を知られたくない親や学校、場合によっては夫にも、妊娠・出産について知られることとなるのです。

日本で、女性が妊娠を他者に知られる機会は、次のようなときがあります。

① 医療機関受診時
② 母子健康手帳をもらうとき
③ 健康保険証を使うとき
④ 産前産後に学校や仕事を休むとき
⑤ 中絶や出産のための入院や手術のとき（同意書が必要）
⑥ 出生届のとき（戸籍への子どもの名前の記載）…

これらをどうしても避けたい女性は、自宅でひとりで出産して、子どもを虐待死させるリスクにさらされるのです。

このような女性は、世界中どこにでも存在します。フランスでは、そのような女性を違法な中絶や孤立出産、子どもの遺棄という事態から救うために、古くから匿名出産が認められてきました。

1960年代に年間2000件あった匿名出産は、さまざまな母子支援施策が整い、シングルの女性が子どもを育てることが一般的となった今でも、約600件ほどで横ばい状態です。

これは、妊娠・出産の事実を誰にも言えない事情を抱えた女性は存在し続けるということを示唆しています。

## 身分を明かさず無料で出産可能

フランスで女性が思いがけず妊娠して相談する医療機関以外の例です。

① 妊産婦幼児保護センター（PMI）：母子保健業務を担い、育児相談や支援を行う地域の保健センターのような公立機関。妊娠中から匿名で相談をしたり診察を受けたりすることができる。
② 家族計画センター（CPEF）：PMIの下部組織で、病院や妊産婦幼児保護センターに併設されているところ、民間が担

うこともある。性教育、匿名無料診察、避妊具の無料提供、カウンセリング、中絶、暴力経験や DV などのチェックとケアを行う。

③ 民間の妊娠相談機関：妊娠して悩む女性の相談支援、匿名出産後のアフターフォロー等を行う団体。

パリ市では MOISE（Maison Orientation Information Soutien Ecoute）がある。医療機関と連携して、匿名出産や養子縁組の情報提供、産前産後の継続的な支援を実施している。

このような相談先があっても、匿名出産のほとんどが、出産する日に病院に駆け込むケースとなる現実からすると、妊娠について誰にも知られたくない、もしくは相談先や制度の情報を知らないという女性をゼロにすることはできないのでしょう。

フランスでは、産科に必ず専門のソーシャルワーカーがいて、女性は未受診のままで医療機関に飛び込んだ場合でも、妊娠中から匿名出産を希望して相談していた場合でも、身分を明かさずに無料で出産することが可能です。また、フランス国民であっても、移民であっても、未成年であっても、既婚者でも、匿名かつ無料で出産でき、医療機関は拒否することができません。2002年からは、子どもの出自を知る

権利への配慮も法で定められています。

## 匿名出産から養子縁組まで

匿名出産を希望する女性の子どもの出産から養子縁組までの一般的な流れです。

① 医療機関で匿名出産。

② CNAOP の連絡役（ASE の職員）が、連絡を受けて2時間以内に出産した女性（実母）に会いに行く。このときに以下の内容が実母に対して説明される。

・匿名出産の制度内容と法的効果

・子どもが出自を知ることの重要性

・子どもに実父母の非個人識別情報を残すことができること

・実母の身元情報を残すことができること（厳封または非厳封）

・子どもを育てる場合の経済的支援制度（手当や母子施設等）

・国家後見子制度

・養子縁組の同意の取り消しの期限と条件（同意から2か月以内であれば返還の申し立てが可能）

③ CNAOP の連絡役が、実母の身元情報以外の情報を収集して記録。父母の健康状態、子どもの出自、出生の経緯、ASE に託すことになった理由等、女性が表現したものをそのまま記録する。義務ではないので、何も情報を残さなくてもよ

い。この内容は、ASE に保管され、養親
に伝えられる。

④　実母の名前や生年月日といった身元
情報は、実母の希望により、厳封され
CNAOP で保管するか、封に入れずに残
し ASE で保管する。何も残さない選択
もある。

⑤　実母が最大 3 つの名前を付け、子ども
は 3 つ目を姓とされる。実母が命名しな
ければ、病院職員が名前を決める。

⑥　父母の名前を記載せずに 5 日以内に
出生登録。

⑦　子どもは ASE に委託され、国家被後
見子(Pupilles de l'Etat)となる。

⑧　子どもは 2 か月間は乳児院で心理士・
看護師などによるスペシャルケアを受
けるか、または里親によって養育され、
その 2 か月以内は実母による子どもの
返還の申し立てや認知が可能。

⑨　2 か月を経て実母の意思が変わらな
ければ、ASE を通して子どもは養子縁
組される。

⑩　実母や医療機関から得た子どもに関
する情報は養親に伝えられ、子どもと養
親との面会交流後に養親宅で同居開始
となる。養親は、子どもが医療機関から
施設へ移動したときや施設でのようす
を写真を添えて受け取ることができる。

⑪　ASE に保管された情報は、養親や子ど
もによるアクセスができる。

CNAOP に保管された実母の身元情報
は、子どもが18歳になって開示請求し、
CNAOP が実母の同意を得たうえで開示
（国家被後見子となってからも、実母は身元情
報を伝えて書き足すことができる）。実母の同
意があれば再会支援も行われる。

## 匿名出産制度への誇り

2019年10月に筆者がフランスを訪れ
たとき、この制度の実務を担う ASE や
CNAOP、施設の職員らが、古くからフラン
スに匿名出産の制度があることを誇りと
している姿勢を垣間見ました。視察で出
会った CNAOP の職員は、匿名出産につい
て次のように語っていました。

「世界中どこにでも子どもを産んで殺し
てしまう親はいる。ゼロにはできない。た
だ子どもが生まれそうな状況で、助けを求
める女性がいたとき、フランスではその人
の背景にかかわらず匿名出産ができ、彼女
の決断を法で守ることができる。誰が優位
ということではない、平等が土台にある」

「自由・平等・博愛」というフランスの国
旗の意味が、こういう制度の中にも反映さ
れているのだと感じられる場面でした。

# ドイツ「ベビーボックス」

佐藤拓代

## 母子を守る多様な方法

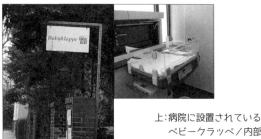

上：病院に設置されている
　　ベビークラッペ／内部より
左：シュテルニパルクの
　　ベビークラッペの入り口

## 国内93か所のベビーボックス

　ベビーボックスは、出産のお祝いのプレゼントを入れた箱という意味で使われることが多いのですが、ここでは世界数か国にある、産んでも育てられない子ども（多くは新生児）を匿名で預かる「箱」のことを示します。ドイツでは英語の baby とドイツ語の klappe（パタンパタンと開閉で音がするようなフラップの意味。預ける親がこのフラップを手前に引いて奥にあるベッドに子どもを置く）からなる「ベビークラッペ」と呼ばれます。2007年に開設された熊本市にある慈恵病院「こうのとりのゆりかご」が参考にした取り組みでもあります。

　2016-17年、筆者のドイツ視察で得た情報等をもとに紹介します。

　ヨーロッパでは古くから教会等に捨てられる子どものために、人知れず子どもを預けられる取り組みがありました。出産直後に預けられることも想定し、温かく保たれたベッドに子どもを置くようにし、また子どもが預けられたら早急に健康を確認し保護するといった近代的な取り組みは、2000年にハンブルクの保育園や母子支援施設を運営する団体「シュテルニパルク」が初めて設置し、ドイツ国内に93か所（2018年4月現在）あるといわれています。

## ベビークラッペ運用の実際

　ベビークラッペへのアプローチは、他人

に見られず、しかし子どもを預ける親には見つけやすいことが必要です。預ける前に親に読んでほしいメッセージカードがあったり、希望すれば子どもへのメッセージカードを置ける、また小さい人形が持ち帰れるようになっていたり、さまざま工夫した取り組みがなされています。

ドイツでは、妊娠葛藤相談所、内密出産は法に位置づけられていますが、ベビークラッペは位置づけられておらず、施設基準がありません。そのため、シュテルニパルクのような非医療機関に設置されたりもしています。しかし、出産直後の新生児保護のためにも、なんらかの医療対応が可能であることが望ましく、シュテルニパルクではそのシステムがあるとのことでした。

ベビークラッペに、特に新生児期に預けるということは、母子ともに医療のもとにない出産があったということです。これを解決する手立てとして、心ある医療機関では女性が匿名で出産できる匿名出産（フランスの制度化された匿名出産とはまったく異なる）を開始していますが、費用は医療機関の持ち出しといわれています。

## 出自を知る権利と内密出産法

ベビークラッペに預けられた子どもは、親以外のおとなによる養育が開始されます。しかし、子どもの出自を知る権利が保障されないとして、2014年には内密出産法が制定されました。これは、妊娠葛藤所に相談することが前提です。

この相談にもたどり着けない、妊娠したいきさつが非常にセンシティブな場合は、ベビークラッペに預けるか、赤ちゃん殺害というリスクとなるのかもしれません。

## 多様な選択肢が赤ちゃんを守る

しかし、日本の生後0日死亡と比べると多くはないようです。日本では秘匿したい妊娠ということに加え、妊娠中絶へのアクセスがたやすくできるなど命に対する考えの違いや、命が軽視されていた育ちなど別の要因を考える必要があります。

妊娠クライシスにはさまざまな背景があり、その女性が妊娠したいきさつにより、名前を名乗っての医療機関等での出産、名前を隠しての医療機関での匿名出産、ベビークラッペと、多様な選択肢があることが子どもの殺害を予防することから、ベビークラッペは禁止はされておらず、いわばグレーの存在であると、関係者は話していました。現に2014年に内密出産が法定化されてからも、ベビークラッペは存続し預けられる子どももいるということです。

# 参考書籍・文献・DVD

## ●妊娠・出産における困難

コミック『透明なゆりかご　産婦人科医院看護師見習い日記』既刊8巻　沖田×華　講談社　2015-2019

ＤＶＤ「透明なゆりかご〈4枚組み〉」出演：清原果耶、瀬戸康史他　原作：沖田×華『透明なゆりかご』（講談社「ハツキス」連載）　発行：NHKエンタープライズ　販売：ハピネット・メディアマーケティング　2019

ＤＶＤ「ジュノ＜特別編＞」出演：エレン・ペイジ、マイケル・セラ他　監督：ジェイソン・ライトマン　発売：20世紀フォックス・ホーム・エンターテイメント・ジャパン　2008

## ●妊娠葛藤相談

『子どもを育てない親、親が育てない子ども ―― 妊婦健診を受けなかった母親と子どもへの支援 』井上寿美、笹倉千佳弘編著　生活書院　2015

『妊娠相談の現場で役立つ！妊娠SOS相談対応ガイドブック第5版』一般社団法人 全国妊娠ＳＯＳネットワーク　日本財団　2019

「予期せぬ妊娠に対する相談体制の現状と課題に関する調査研究事業」厚生労働省『平成30年度子ども・子育て支援推進調査研究事業』公益社団法人母子保健推進会議予期せぬ妊娠に対する相談体制の現状と課題に関する調査研究会

奥山眞紀子編「特別企画　子育て支援と虐待予防」『こころの科学』206号　日本評論社　2019

赤尾さく美「思いがけない妊娠に悩む女性を受け止める ―― 妊娠葛藤相談から養子縁組まで女性との関係形成について」『世界の児童と母性』VOL.87 . 資生堂社会福祉事業財団　2020

## ●妊娠を他者に知られたくない女性に対する 日本、海外の法・制度

『名前のない母子をみつめて──日本のこうのとりのゆりかご ドイツの赤ちゃんポスト』蓮田太二、柏木恭典著　北大路書房　2016

『なぜ、わが子を棄てるのか──「赤ちゃんポスト」10年の真実』NHK取材班　NHK出版新書　2018

柏木恭典「緊急下の母子への匿名支援─ドイツの赤ちゃんポストと内密出産の議論を踏まえて─」『医療と社会』27巻1号135-148．公益財団法人医療科学研究所　2017

「妊娠を他者に知られたくない女性に対する海外の法・制度に関する調査研究」厚生労働省『平成30年度子ども・子育て支援推進調査研究事業』三菱UFJリサーチ＆コンサルティング

「妊娠を他者に知られたくない女性に対する海外の法・制度が各国の社会に生じた効果に関する調査研究」厚生労働省『令和元年度子ども・子育て支援推進調査研究事業』シード・プランニング

## ●性教育

『性の問題行動をもつ子どものためのワークブック──発達障害・知的障害のある児童・青年の理解と支援』宮口幸治、川上ちひろ　明石書店　2015

『あっ！そうなんだ！性と生──幼児・小学校そしておとなへ』浅井春夫、安達倭雅子、北山ひと美、中野久恵、星野恵編著　エイデル研究所　2014

『学校医と養護教諭のための思春期婦人科相談マニュアル』公益社団法人日本産婦人科医会　2017

『青少年の性行動はどう変わってきたか──全国調査にみる40年間』林雄亮編著 ミネルヴァ書房　2018

『教科書にみる世界の性教育』橋本紀子、池谷壽夫、田代美江子編著　かもがわ出版　2018

『「若者の性」白書──第8回青少年の性行動全国調査報告』日本性教育協会編 小学館 2019

『ドクターが教える！親子で考える「子宮頸がん」と「女性のカラダ」』太田寛　日東書院　2020

## ●子どもの貧困・子ども虐待

『子どもの貧困ハンドブック』「なくそう! 子どもの貧困」全国ネットワーク編　かもがわ出版　2016

『児童虐待を考える──社会は家族に何を強いてきたか』杉山春　朝日新聞出版　2017

『「子どもの貧困」を問いなおす──家族・ジェンダーの視点から』松本伊智朗　法律文化社　2017

『増補版子どもと貧困』朝日新聞取材班　朝日新聞出版　2018

『虐待「嬰児殺」──事例と歴史的考察から考える子ども虐待』川﨑二三彦編著 福村出版　2019

『法律家・支援者のための生活保護活用マニュアル2019年度版』生活保護問題対策全国会議　2019

『子どもの貧困調査──子どもの生活に関する実態調査から見えてきたもの』山野則子編著　明石書店　2019

## ●特別養子縁組・里親制度・施設養育

『はじき出された子どもたち──社会的養護児童と「家庭」概念の歴史社会』土屋敦 勁草書房　2014

『子どものための里親委託・養子縁組の支援』宮島清、林浩康、米沢普子編著　明石書店　2017

『社会的養護の子どもと措置変更──養育の質とパーマネンシー保障から考える』伊藤嘉余子編著　明石書店 2017

「特集 社会的養育推進計画の影響と児童福祉実践、児童相談所職員の本音」『子どもと福祉』編集委員会編『子どもと福祉』13号　明石書店　2020

『養子縁組を考えたら読む本──これから親になるあなたに知って欲しい20のこと』シェリー・エルドリッジ著、ヘネシー澄子監訳　明石書店　2019

## ●DV・性虐待・性暴力

『子どもと性被害』吉田タカコ　集英社新書　2001

『子どもが性被害を受けたとき──お母さんと、支援者のための本』キャロライン・M・バイヤリー著、宮地尚子監訳、菊池美名子、湯川やよい訳　明石書店　2010

『DV・虐待加害者の実体を知る──あなた自身の人生を取り戻すためのガイド』ランディ・バンクロフト著、髙橋睦子、中島幸子、山口のり子監訳　明石書店　2008

『性暴力被害の実際──被害はどのように起き、どう回復するのか』齋藤梓、大竹裕子編著　金剛出版　2020

『性暴力救援マニュアル──医療にできること』種部恭子編著　新興医学出版社　2020

## ●性風俗関連

『女子大生風俗嬢──若者貧困大国・日本のリアル』中村淳彦　朝日新書　2015

『セックスと障害者』坂爪真吾　イースト新書　2016

『「身体を売る彼女たち」の事情──自立と依存の性風俗』坂爪真吾　ちくま新書　2018

『性風俗シングルマザー──地方都市における女性と子どもの貧困』坂爪真吾　集英社新書 2019

『東京貧困女子。──彼女たちはなぜ躓いたのか』中村淳彦　東洋経済新報社　2019

# 全国のにんしんSOS相談窓口

●自治体の事業による妊娠SOS相談

★＝自治体直営（公的機関）　無印＝民間団体等への委託

| 所在地 | 窓口名 | 相談方法 |
|---|---|---|
|  |  | 対応しているところ |
| 北 海 道 | にんしんSOSほっかいどう★ | 電話 |
|  |  | 道立保健所 |
| 仙 台 市 | 妊娠等に関する相談★ | 電話 |
|  |  | 各区役所家庭健康課または総合支所保健福祉課 |
| 茨 城 県 | すこやか妊娠ほっとライン | 電話 |
|  |  | 茨城県看護協会 |
| 群 馬 県 | ぐんま妊娠SOS | 電話／メール |
|  |  | 群馬県助産師会 |
| 埼 玉 県 | にんしんSOS埼玉 | 電話／メール |
|  |  | NPO法人ピッコラーレ |
| さいたま市 | 妊娠・出産の電話相談★ | 電話 |
|  |  | 保健所 |
| 埼玉・鶴ヶ島市 | にんしんSOS鶴ヶ島★ | 電話／メール |
|  |  | 保健センター |
| 千 葉 県 | にんしんSOSちば | 電話／メール |
|  |  | NPO法人ピッコラーレ |
| 東 京 都 | 妊娠相談ほっとライン | 電話／メール |
|  |  | 株式会社　法研 |
| 東京・葛飾区 | 妊娠・出産どうしようコール★ | 電話 |
|  |  | 子ども家庭支援課母子保健係 |
| 東京・小平市 | 妊娠SOS相談★ | 電話／面談 |
|  |  | 市健康センター |
| 東京・東村山市 | 妊娠SOSひがしむらやま★ | 電話／メール |
|  |  | 子ども家庭部子育て支援課母子保健係 |
| 神奈川県 | 妊娠SOSかながわ★ | 電話 |
|  |  | 厚木保健福祉事務所大和センター |

| 横浜市 | にんしんSOSヨコハマ | 電話／メール |
|---|---|---|
| | | 株式会社　法研 |
| 川崎市 | 妊娠・出産SOS電話相談 | 電話／メール |
| | | 川崎市助産師会 |
| 神奈川・横須賀市 | 横須賀にんしんSOS★ | 電話／メール |
| | | 横須賀市児童相談所 |
| 新潟県 | にいがた妊娠テレフォン | 電話 |
| | | 新潟県助産師会 |
| 富山県 | 妊娠・出産悩みほっとライン★ | 電話／LINE |
| | | 富山県女性健康相談センター |
| 石川県 | いしかわ妊娠相談事業 | 電話／メール／LINE |
| | | 一般社団法人 石川県助産師会 |
| 長野県 | にんしんSOSながの | 電話／メール |
| | | うえだみなみ乳児院 |
| 岐阜県 | にんしんSOS乳幼児ホームまりあ | 電話／メール |
| | | 乳幼児ホームまりあ |
| 静岡県 | しずおか妊娠SOS | 電話／メール |
| | | NPO法人リプロダクティブヘルス研究会 |
| 静岡・富士市 | 妊娠SOS相談★ | 電話 |
| | | こども未来課　子育て総合相談センター |
| 浜松市 | 妊娠SOS相談★ | 電話／メール |
| | | 健康増進課 |
| 名古屋市 | なごや妊娠SOS | 電話／メール |
| | | 名古屋市医師会から助産師に委託 |
| 三重県 | 妊娠SOSみえ（妊娠レスキューダイヤル） | 電話／LINE |
| | | NPO法人MCサポートセンターみっくみえ |
| 京都市 | にんしんホッとナビ | 電話／メール |
| | | 京都府助産師会 |
| 大阪府 | にんしんSOS | 電話／メール |
| | | 大阪母子医療センター |
| 大阪市 | ボ・ドーム ダイヤモンドルーム | 電話／メール |
| | | 母子生活支援施設　ボ・ドーム大念仏 |

| | | |
|---|---|---|
| 兵 庫 県 | 思いがけない妊娠SOS | 電話／メール |
| | | 兵庫県助産師会 |
| 神 戸 市 | 思いがけない妊娠SOS | 電話／メール |
| | | 兵庫県助産師会 |
| 岡 山 県 | おかやま妊娠・出産サポートセンター「妊娠・安心相談室」 | 電話／メール／面談（予約制） |
| | | 岡山大学大学院保健学研究科 |
| 鳥 取 県 | とっとり妊娠SOS | 電話／メール／面談（予約制） |
| | | 助産所「産後ケア やわらかい風」 |
| 広 島 県 | にんしんSOS広島 | 電話／メール |
| | | 県委託・委託先非公開 |
| 広 島 県 | 妊娠110番　メール相談 | メール |
| | | 広島県助産師会 |
| 香 川 県 | かがわ妊娠SOS | メール |
| | | 香川県産婦人科医会 |
| 福 岡 県 | にんしんSOS福岡 | 電話／メール |
| | | 福岡県看護協会 |
| 福 岡 市 | 福岡市にんしん相談こももティエ | 電話／メール |
| | | 産前・産後母子支援センターこももティエ |
| 福岡・久留米市 | 妊娠ほっとライン★ | 電話／メール |
| | | 久留米市保健所 |
| 佐 賀 県 | にんしんSOSさが | 電話 |
| | | 国立病院機構佐賀病院 |
| 熊 本 県 | 妊娠とこころの電話相談★ | 電話／面談（予約制） |
| | | 熊本県女性相談センター |
| 熊 本 市 | 予期せぬ妊娠・出産に関する悩み相談 | 電話・メール |
| | | 熊本乳児院 |
| 大 分 県 | おおいた妊娠ヘルプセンター | 電話／メール／面談（予約制） |
| | | 大分県助産師会 |
| 宮 崎 市 | 思いがけない妊娠相談ルーム〜あいのて〜 | 電話／メール／面談 |
| | | 宮崎県助産師会 |
| 沖 縄 県 | 妊娠・子育てSOS | 電話／面談（予約制） |
| | | 沖縄県助産師会 |

一般社団法人 全国妊娠SOSネットワークホームページより作成／2021年2月現在

## ●民間団体の独自事業による妊娠 SOS 相談

| 所在地 | 団体名 |
|---|---|
| 仙 台 市 | にんしん SOS 仙台（NPO 法人 キミノトナリ） |
| 東 京 都 | 円ブリオ基金センター |
| 東 京 都 | にんしん SOS 東京（NPO 法人 ピッコラーレ） |
| 東 京 都 | NPO 法人 10代・20代の妊娠 SOS 新宿－キッズ＆ファミリー |
| 愛 知 県 | にんしん SOS 愛知（愛知県助産師会） |
| 名古屋市 | 一般社団法人 ライフホープネットワーク |
| 神 戸 市 | 一般社団法人 小さないのちのドア |
| 岡 山 県 | にんしん SOS 岡山（岡山県助産師会）／2021年4月〜 |
| 福 岡 県 | 福岡にんしん110番 Link（清心乳児園母子支援機関 Link） |
| 熊 本 市 | SOS 赤ちゃんとお母さんの妊娠相談（医療法人 聖粒会慈恵病院） |
| 熊 本 市 | ハート to ハート（一般社団法人 スタディライフ熊本） |
| 鹿児島県 | にんしん SOS かごしま（NPO 法人 親子ネットワークがじゅまるの家） |

一般社団法人 全国妊娠 SOS ネットワークホームページより作成／2021年2月現在

## ●養子縁組あっせん事業者

まだ養子縁組と決めていなくても、全国対応でにんしんSOS相談を受け付けています。
法律に定める許可を受けていても、養子縁組あっせん法や通知にある専門的な実親・養親支援を行う体制が整っていない法人もあるため、まず各機関に状況を問い合わせてください。　　　★＝あんしん母と子の産婦人科連絡協議会（あんさん協）参加の医療施設

| 所在地 | 事業者名 |
|---|---|
| 北 海 道 | 医療社団法人弘和会 森産科婦人科病院★ |
| 茨 城 県 | 特定非営利活動法人 ＮＰＯ Ｂａｂｙ ぽけっと |
| 埼 玉 県 | 医療法人きずな会 さめじまボンディングクリニック★ |
| 千 葉 県 | 特定非営利活動法人 ベビーブリッジ |
| 東 京 都 | 認定特定非営利活動法人 環の会 |
| 東 京 都 | 一般社団法人 アクロスジャパン |
| 東 京 都 | 社会福祉法人 日本国際社会事業団 |
| 東 京 都 | 特定非営利活動法人 フローレンス |
| 東 京 都 | 一般社団法人 ベアホープ |
| 滋 賀 県 | 医療法人青葉会 神野レディスクリニック★ |
| 奈 良 県 | 特定非営利活動法人 みぎわ |
| 和歌山県 | 特定非営利活動法人 ストークサポート |
| 山 口 県 | 医療法人社団諍友会 田中病院★ |
| 沖 縄 県 | 一般社団法人 おきなわ子ども未来ネットワーク |
| 札 幌 市 | 医療法人明日葉会 札幌マタニティ・ウイメンズホスピタル★ |
| 千 葉 市 | 社会福祉法人 生活クラブ 生活クラブ風の村ベビースマイル |
| 大 阪 市 | 公益社団法人 家庭養護促進協会大阪事務所 |
| 神 戸 市 | 公益社団法人 家庭養護促進協会神戸事務所 |
| 岡 山 市 | 一般社団法人 岡山県ベビー救済協会 |
| 広 島 市 | 医療法人 河野産婦人科クリニック |
| 熊 本 市 | 医療法人聖粒会 慈恵病院 |
| 熊 本 市 | 医療法人社団愛育会 福田病院 地域連携室 特別養子縁組部門★ |

厚生労働省家庭福祉課調べ／2020年11月12日現在
注：民間あっせん機関による養子縁組のあっせんに係る児童の保護等に関する法律（平成２年法律第110号）に定める許可を受けたもの。
　　上記のほか、同法の経過措置規定により、許可を受けていなくても事業を営むことができる事業者があります。詳細については、各都道府県までお問い合わせください。

# 関連法規

●条文等はすべて一部抜粋

## ●児童の権利に関する条約

1989年　国連採択
1994年　日本批准

### 第3条

1　児童に関するすべての措置をとるに当たっては、公的若しくは私的な社会福祉施設、裁判所、行政当局又は立法機関のいずれによって行われるものであっても、児童の最善の利益が主として考慮されるものとする。

2　締約国は、児童の父母、法定保護者又は児童について法的に責任を有する他の者の権利及び義務を考慮に入れて、児童の福祉に必要な保護及び養護を確保することを約束し、このため、すべての適当な立法上及び行政上の措置をとる。

### 第6条

1　締約国は、すべての児童が生命に対する固有の権利を有することを認める。

2　締約国は、児童の生存及び発達を可能な最大限の範囲において確保する。

### 第7条

1　児童は、出生の後直ちに登録される。児童は、出生の時から氏名を有する権利及び国籍を取得する権利を有するものとし、また、できる限りその父母を知りかつその父母によって養育される権利を有する。

### 第21条

養子縁組の制度を認め又は許容している締約国は、児童の最善の利益について最大の考慮が払われることを確保するものとし、また、

(a) 児童の養子縁組が権限のある当局によってのみ認められることを確保する。この場合において、当該権限のある当局は、適用のある法律及び手続に従い、かつ、信頼し得るすべての関連情報に基づき、養子縁組が父母、親族及び法定保護者に関する児童の状況にかんがみ許容されること並びに必要な場合には、関係者が所要のカウンセリングに基づき養子縁組について事情を知らされた上での同意を与えていることを認定する。

### 第34条

締約国は、あらゆる形態の性的搾取及び性的虐待から児童を保護することを約束する。このため、締約国は、特に、次のことを防止するためのすべての適当な国内、二国間及び多数国間の措置をとる。

(a) 不法な性的な行為を行うことを児童に対して勧誘又は強制すること。

(b) 売春又は他の不法な性的な業務において児童を搾取的に使用すること。

(c) わいせつな演技及び物において児童を搾取的に使用すること。

## ●児童福祉法 昭和 22 年 12 月 12 日法律第 164 号
最終改正：令和元年法律第 46 号

**第 1 章　総則**

**第 1 条**　全て児童は、児童の権利に関する条約の精神にのつとり、適切に養育されること、その生活を保障されること、愛され、保護されること、その心身の健やかな成長及び発達並びにその自立が図られることその他の福祉を等しく保障される権利を有する。

**第 2 条**　全て国民は、児童が良好な環境において生まれ、かつ、社会のあらゆる分野において、児童の年齢及び発達の程度に応じて、その意見が尊重され、その最善の利益が優先して考慮され、心身ともに健やかに育成されるよう努めなければならない。

2　児童の保護者は、児童を心身ともに健やかに育成することについて第一義的責任を負う。

3　国及び地方公共団体は、児童の保護者とともに、児童を心身ともに健やかに育成する責任を負う。

**第 3 条**　前 2 条に規定するところは、児童の福祉を保障するための原理であり、この原理は、すべて児童に関する法令の施行にあたつて、常に尊重されなければならない。

2　国及び地方公共団体は、児童が家庭において心身ともに健やかに養育されるよう、児童の保護者を支援しなければならない。

**第 6 条の 3**　⑤この法律で、養育支援訪問事業とは、厚生労働省令で定めるところにより、乳児家庭全戸訪問事業の実施その他により把握した保護者の養育を支援することが特に必要と認められる児童（第 8 項に規定する要保護児童に該当するものを除く。以下「要支援児童」という。）若しくは保護者に監護させることが不適当であると認められる児童及びその保護者又は出産後の養育について出産前において支援を行うことが特に必要と認められる妊婦（以下「特定妊婦」という。）（以下「要支援児童等<sup>1</sup>」という。）に対し、その養育が適切に行われるよう、当該要支援児童等の居宅において、養育に関する相談、指導、助言その他必要な支援を行う事業をいう。

**第 21 条の 10 の 5**　病院、診療所、児童福祉施設、学校その他児童又は妊産婦の医療、福祉又は教育に関する機関及び医師、歯科医師、保健師、助産師、看護師、児童福祉施設の職員、学校の教職員その他児童又は妊産婦の医療、福祉又は教育に関連する職務に従事する者は、要支援児童等と思われる者を把握したときは、当該者の情報をその現在地の市町村に提供するよう努めなければならない。

②　刑法の秘密漏示罪の規定その他の守秘義務に関する法律の規定は、前項の規定による情報の提供をすることを妨げるものと解釈してはならない。

**第 25 条の 2**　地方公共団体は、単独で又は共同して、要保護児童（第 31 条第 4 項に規定する延長者及び第 33 条第 10 項に規定する保護延長者（次項において「延長者等」という。）を含む。次項において同じ。）の適切な保護又は要支援児童若しくは特定妊婦への適切な支援を図るため、関係機関、関係団体及び児童の福祉に関連する職務に従事する者その他の関

係者（以下「関係機関等」という。）により構成される要保護児童対策地域協議会（以下「協議会」という。）を置くように努めなければならない。

② 協議会は、要保護児童若しくは要支援児童及びその保護者（延長者等の親権を行う者、未成年後見人その他の者で、延長者等を現に監護する者を含む。）又は特定妊婦（以下この項及び第5項において「支援対象児童等」という。）に関する情報その他要保護児童の適切な保護又は要支援児童若しくは特定妊婦への適切な支援を図るために必要な情報の交換を行うとともに、支援対象児童等に対する支援の内容に関する協議を行うものとする。

● 注 ----------------------------------------------------------------

1 要支援児童等には特定妊婦が含まれる。

# ●児童虐待の防止等に関する法律

平成 12 年法律第 82 号
最終改正：令和 2 年法律第 41 号

**第4条** 国及び地方公共団体は、児童虐待の予防及び早期発見、迅速かつ適切な児童虐待を受けた児童の保護及び自立の支援（児童虐待を受けた後 18 歳となった者に対する自立の支援を含む。第 3 項及び次条第 2 項において同じ。）並びに児童虐待を行った保護者に対する親子の再統合の促進への配慮その他の児童虐待を受けた児童が家庭（家庭における養育環境と同様の養育環境及び良好な家庭的環境を含む。）で生活するために必要な配慮をした適切な指導及び支援を行うため、関係省庁相互間又は関係地方公共団体相互間、市町村、児童相談所、福祉事務所、配偶者からの暴力の防止及び被害者の保護等に関する法律（平成 13 年法律第 31 号）第 3 条第 1 項に規定する配偶者暴力相談支援センター（次条第 1 項において単に「配偶者暴力相談支援センター」という。）、学校及び医療機関の間その他関係機関及び民間団体の間の連携の強化、民間団体の支援、医療の提供体制の整備その他児童虐待の防止等のために必要な体制の整備に努めなければならない。

**第5条** 学校、児童福祉施設、病院、都道府県警察、婦人相談所、教育委員会、配偶者暴力相談支援センターその他児童の福祉に業務上関係のある団体及び学校の教職員、児童福祉施設の職員、医師、歯科医師、保健師、助産師、看護師、弁護士、警察官、婦人相談員その他児童の福祉に職務上関係のある者は、児童虐待を発見しやすい立場にあることを自覚し、児童虐待の早期発見に努めなければならない。

**第6条** 児童虐待を受けたと思われる児童を発見した者は、速やかに、これを市町村、都道府県の設置する福祉事務所若しくは児童相談所又は児童委員を介して市町村、都道府県の設置する福祉事務所若しくは児童相談所に通告しなければならない。

## ●子供の貧困対策大綱　令和元年閣議決定

子どもの貧困対策の推進に関する法律（平成 25 年法律第 64 号、最終改正：令和元年法律第 41 号）に基づき、政府が 5 年に 1 度作成する。

**第 2 子供の貧困対策に関する基本的な方針　2 分野ごとの基本方針**

**（2）生活の支援では、親の妊娠・出産期から、社会的孤立に陥ることのないよう配慮して対策を推進する。**

子供の心身の健全な成長のためには、親の妊娠・出産期からの良好な環境が必要である。…社会的孤立に陥ることのないよう、親の妊娠・出産期からの相談支援の充実を図るとともに、子供及びその保護者との交流の機会等にもつながる居場所づくりの支援等、生活の安定に資するための支援を実施する。…

**第 4 指標の改善に向けた重点施策　1 教育の支援**

**（3）高等学校等における修学継続のための支援（高校中退の予防のための取組）**

高校中退を防止することは、将来の貧困を予防する観点から重要である。…

在学中の妊娠・出産を機に高校を中退する者もいるが、生徒が妊娠した場合には、母体の保護を最優先としつつ、教育上必要な配慮を行うべきものであることについて、周知徹底を図る。…

## ●母子保健法　昭和 40 年法律第 141 号
最終改正：令和元年法律第 16 号

**第 2 条**　母性は、すべての児童がすこやかに生まれ、かつ、育てられる基盤であることにかんがみ、尊重され、かつ、保護されなければならない。

**第 3 条**　乳児及び幼児は、心身ともに健全な人として成長してゆくために、その健康が保持され、かつ、増進されなければならない。

**第 5 条**　国及び地方公共団体は、母性並びに乳児及び幼児の健康の保持及び増進に努めなければならない。

**2**　国及び地方公共団体は、母性並びに乳児及び幼児の健康の保持及び増進に関する施策を講ずるに当たっては、当該施策が乳児及び幼児に対する虐待の予防及び早期発見に資するものであることに留意するとともに、その施策を通じて、前 3 条に規定する母子保健の理念が具現されるように配慮しなければならない。

**第 22 条**　市町村は、必要に応じ、母子健康包括支援センター[2]を設置するように努めなければならない。

**2**　母子健康包括支援センターは、第 1 号から第 4 号までに掲げる事業を行い、又はこれらの事業に併せて第 5 号に掲げる事業を行うことにより、母性並びに乳児及び幼児の健康の保持及び増進に関する包括的な支援を行うことを目的とする施設とする。

● 注 - - - - - - - - - - - - - - - - - - - - - - - - - - - - - - - - - - - - - - - - - - - - - - -

2 平成 28 年 6 月 3 日付雇児発 0603 第 1 号通知「児童福祉法等の一部を改正する法律の公布について」で子育て世代包括支援センターとされた。

● **母体保護法**　昭和 23 年法律第 156 号　最終改正：平成 27 年 8 月 1 日

**第1条**　この法律は、不妊手術及び人工妊娠中絶に関する事項を定めること等により、母性の生命健康を保護することを目的とする。

**第2条**　この法律で不妊手術とは、生殖腺を除去することなしに、生殖を不能にする手術で厚生労働省令をもって定めるものをいう。

2　この法律で人工妊娠中絶とは、<u>胎児が、母体外において、生命を保続することのできない時期</u>に、人工的に、胎児及びその附属物を母体外に排出することをいう。

**第14条**　都道府県の区域を単位として設立された公益社団法人たる医師会の指定する医師（以下「<u>指定医師</u>」という。）は、次の各号の1に該当する者に対して、本人及び配偶者の同意を得て、人工妊娠中絶を行うことができる。

一　妊娠の継続又は分娩が身体的又は経済的理由により母体の健康を著しく害するおそれのあるもの

二　<u>暴行若しくは脅迫</u>によって又は抵抗若しくは拒絶することができない間に姦かん淫いんされて妊娠したもの

2　前項の同意は、配偶者が知れないとき若しくはその意思を表示することができないとき又は妊娠後に配偶者がなくなったときには本人の同意だけで足りる。

● 注 - - - - - - - - - - - - - - - - - - - - - - - - - - - - - - - - - - - - - - - - - - - - - - -

3　この時期は未熟児医療の進歩により妊娠週数が早まり、1990年厚生省発健医第55号厚生事務次官通知によって、「通常妊娠満22週未満」とされている。

4　指定医師以外が行う人工妊娠中絶は刑法の堕胎罪にあたる。）

5　1996年厚生省発児第122号「母体保護法の施行について」が2020年10月20日に改正され、当初は「この（編者注：『暴行もしくは脅迫』を指す）認定は相当厳格に行う必要があり、いやしくもいわゆる和姦によって妊娠した者が、この規定に便乗して人工妊娠中絶を行うことがないよう十分指導されたい」との通知文が、「『暴行もしくは脅迫』とは、必ずしも有形的な暴力行為による場合だけをいうものでないこと。ただし、本号に該当しない者が、この規定により安易に人工妊娠中絶を行うことがないよう留意されたいこと。」に改正された。

●**刑法** 明治 40 年法律第 45 号
最終改正：平成 30 年法律第 72 号

**第 176 条**　13 歳以上の者に対し、暴行又は脅迫を用いてわいせつな行為をした者は、6 月以
　上 10 年以下の懲役に処する。13 歳未満の者に対し、わいせつな行為をした者も、同様とする。
**第 177 条**　13 歳以上の者に対し、暴行又は脅迫を用いて性交,肛(こう)門性交又は口腔(くう)
　性交（以下「性交等」という。）をした者は、強制性交等の罪とし、5 年以上の有期懲役に
　処する。13 歳未満の者に対し、性交等をした者も、同様とする。
**第 178 条**　人の心神喪失若しくは抗拒不能に乗じ、又は心神を喪失させ、若しくは抗拒不能
　にさせて、わいせつな行為をした者は、第 176 条の例による。
　2　人の心神喪失若しくは抗拒不能に乗じ、又は心神を喪失させ、若しくは抗拒不能にさせ
　て、性交等をした者は、前条の例による。
**第 179 条**　18 歳未満の者に対し、その者を現に監護する者であることによる影響力があるこ
　とに乗じてわいせつな行為をした者は、第 176 条の例による。
　2　18 歳未満の者に対し、その者を現に監護する者であることによる影響力があることに
　乗じて性交等をした者は、第 177 条の例による。

●**成育過程にある者及びその保護者並びに妊産婦に対し**
　**必要な成育医療等を切れ目なく提供するための施策の**
　**総合的な推進に関する法律**

平成 30 年法律第 104 号

**第 1 条**　この法律は、次代の社会を担う成育過程にある者の個人としての尊厳が重んぜられ、
　その心身の健やかな成育が確保されることが重要な課題となっていること等に鑑み、児童の
　権利に関する条約の精神にのっとり、成育医療等の提供に関する施策に関し、基本理念を定
　め、国、地方公共団体、保護者及び医療関係者等の責務等を明らかにし、並びに成育医療等
　基本方針の策定について定めるとともに、成育医療等の提供に関する施策の基本となる事項
　を定めることにより、成育過程にある者及びその保護者並びに妊産婦（以下「成育過程にあ
　る者等」という。）に対し必要な成育医療等を切れ目なく提供するための施策を総合的に推
　進することを目的とする。

**第 12 条**　国及び地方公共団体は、成育過程にある者及び妊産婦に対し成育過程の各段階等に
　応じた良質かつ適切な医療が提供されるよう、医療の提供体制の整備、救急医療の充実その
　他の必要な施策を講ずるものとする。
**第 13 条**　国及び地方公共団体は、成育過程にある者及び妊産婦の健康の保持及び増進を図り、
　あわせて成育過程にある者の保護者及び妊産婦の社会からの孤立の防止及び不安の緩和並び
　に成育過程にある者に対する虐待の予防及び早期発見に資するよう、地域又は学校における
　成育過程にある者又は妊産婦に対する健康診査又は健康診断の適切な実施、成育過程にある
　者等の心身の健康等に関する相談支援の体制の整備その他の必要な施策を講ずるものとす
　る。

## 公立の高等学校における妊娠を理由とした退学等に係る
## 実態把握の結果等を踏まえた妊娠した生徒への対応等について（通知）

29 初児生第 1791 号
平成 30 年 3 月 29 日

### 1 妊娠した生徒の学業の継続に向けた考え方

（1）生徒が妊娠した場合には、関係者間で十分に話し合い、母体の保護を最優先としつつ、教育上必要な配慮を行うべきものであること。その際、退学、停学及び訓告の処分は校長の判断によって行うものであるが、生徒に学業継続の意思がある場合は、教育的な指導を行いつつ、安易に退学処分や事実上の退学勧告等の対処は行わないという対応も十分考えられること。また、当該生徒の希望に応じ、当該学校で学業を継続することのほか、学業の継続を前提として、転学、休学又は全日制から定時制・通信制への転籍を支援することも考えられること。なお、「高等学校における生徒への懲戒の適切な運用の徹底について」（平成 22 年 2 月 1 日付け 21 初児生第 30 号文部科学省初等中等教育局児童生徒課長通知）において示しているとおり、生徒への懲戒に関する内容及び運用に関する基準については、あらかじめ明確化し、生徒及び保護者等に対して周知しておくことが重要であること。

（2）妊娠した生徒が退学を申し出た場合には、当該生徒や保護者の意思を十分確認することが大切であるとともに、退学以外に休学、全日制から定時制・通信制への転籍及び転学等学業を継続するための様々な方策があり得ることについて必要な情報提供を行うこと。

### 2 妊娠した生徒に対する具体的な支援の在り方

（1）妊娠した生徒が引き続き学業を継続する場合は、当該生徒及び保護者と話し合いを行い、当該生徒の状況やニーズも踏まえながら、学校として養護教諭やスクールカウンセラー等も含めた十分な支援を行う必要があること。また、体育実技等、身体活動を伴う教育活動においては、当該生徒の安全確保の観点から工夫を図った教育活動を行ったり、課題レポート等の提出や見学で代替するなど母体に影響を与えないような対応を行う必要があること。

（2）妊娠を理由として退学をせざるを得ないような場合であっても、再び高等学校等で学ぶことを希望する者に対しては、高等学校等就学支援金等による支援の対象となり得ることや、高等学校卒業程度認定試験があること、就労を希望する者や将来の求職活動が見込まれる者等に対しては、ハローワーク及び地域若者サポートステーション等の就労支援機関があることなどについて、当該生徒の進路に応じた必要な情報提供等を行うこと。

また、各教育委員会においては、妊娠を理由として過去に高等学校等を退学した者についても、これらの関係機関と連携しつつ、学習相談等の効果的な支援の実施を推進すること。

### 3 日常的な指導の実施

妊娠による学業の遅れや進路の変更が発生する場合があり得ることにも留意が必要であることを踏まえ、学習指導要領に基づき、生徒が性に関して正しく理解し適切な行動をとることができるよう性に関する指導を保健体育科、特別活動で行うなど、学校教育活動全体を通じて必要な指導を行うこと。

## 女性の自己決定を支え、いのちを救う

　本書は、2016年の児童福祉法改正で規定された「特定妊婦」の中でも、誰にも言えない妊娠の結果としての赤ちゃんの生後0日死亡を防ぐことを焦点として編まれました。

　2020年春に新型コロナウイルス感染症が蔓延し、感染者に対して不十分な感染防止対策による「自己責任」ではないかという厳しい世間の目がありました。これは、妊娠クライシスにある女性に対する世間の目と同じです。妊娠は避妊でコントロールできるという考えに加え、さらに性行為で快感があったのでしょうと、自己責任にされてしまいがちです。妊娠が自己責任とされては、誰にも相談することできず1人で抱え込み、命を奪うことになりかねません。

　「にんしんSOS」等の相談で受けとめ、産めないと思い込んでいる女性にも情報提供を行い、産むか産まないかという女性の自己決定を支えることが大切です。育てられない場合には、養育支援につなげる仕組みが必要です。また、妊娠中も生活は地域で行いますので、相談窓口だけで抱え込まず、地域の公的機関を信頼してもらい、支援につなぐ役割も担う必要があります。

　本書の「出産」間近の2021年1月、女子高校生がショッピングモールで出産し、赤ちゃんを殺害したとして逮捕されました。亡くなった子どもと女性の未来に心が痛む、2度とくり返してはならない事件です。果たしてこれは、少女だけの責任なのでしょうか?

　本書が、どのようないきさつの妊娠でも孤立させず、社会から母子への支援が行われるきっかけになることを願っています。

**佐藤拓代**

## 一般社団法人 全国妊娠SOSネットワーク（全妊ネット）紹介

　全国の妊娠相談窓口の質の向上と地域・全国の支援ネットワークづくりにより、赤ちゃんの生後0日・0か月の虐待死、虐待の重症化、遺棄児、妊婦健診未受診による飛び込み出産、長期施設養育等を防ぐことを目的として、2015年11月に設立された個人参加のネットワークです。2017年1月より、一般社団法人となりました。

　「切れ目のない支援」が届かず貧困と孤立の中にいる妊婦に歩み寄り、迅速かつ確実に支援につなげることのできる妊娠SOS（妊娠を喜べない方や身近に相談できる相手のいない方の妊娠相談・妊婦支援）が全国で展開されるよう、日々相談・支援の現場で奮闘されている相談窓口や支援団体等の方々と力を合わせて活動しています。

**連絡先●一般社団法人 全国妊娠SOSネットワーク事務局**
　　　メールアドレス　info@zenninnet-sos.org
　　　ホームページ　https://zenninnet-sos.org/

**事業内容**
①　妊娠相談窓口の質の向上とネットワーク化
②　予期しない妊娠への相談対応研修（専門職の知識の向上と連携の拡充）
③　妊娠SOSの周知・啓発活動
④　各種関係学会でのシンポジウム（多職種への周知・連携の拡充）
⑤　政策提言

**発行●**『妊娠相談の現場で役立つ！妊娠SOS相談対応ガイドブック（第5版）』
　　　2019年

**代表理事●佐藤拓代**／公益社団法人 母子保健推進会議会長、医師
　　　　　　元大阪府立病院機構 大阪母子医療センター 母子保健
　　　　　　情報センター長
**理事●松岡典子**／特定非営利活動法人 MCサポートセンターみっくみえ
　　　　（三重県委託事業「妊娠SOSみえ」受託団体）代表、助産師
　　**姜 恩和**／目白大学人間学部人間福祉学科准教授、社会福祉士
　　**赤尾さく美**（事務局担当）／一般社団法人ベアホープ理事、助産師

169

## プロフィール

**佐藤拓代**●さとう・たくよ
公益社団法人母子保健推進会議会長、一般社団法人全国妊娠SOSネットワーク代表理事、医師。
1978年東北大学医学部卒業。小児科、産婦人科の臨床後、大阪府保健所等や大阪母子医療センターの公衆衛生部門に勤務。2011年に、大阪府の委託による都道府県レベルで初めての予期せぬ妊娠に特化した相談窓口「にんしんSOS」開設に携わる。日本子ども虐待防止学会理事、日本公衆衛生学会認定公衆衛生専門家。専門分野は妊娠期からの子ども虐待予防。

論文「思いがけない妊娠の相談窓口"にんしんSOS"から見えるもの」(『子どもの虐待とネグレクト』15巻1号、岩崎学術出版社、2013年)で、「にんしんSOS」を日本で初めて報告した。

共編書に『わかりやすい公衆衛生学 第4版』ヌーヴェルヒロカワ 2015年。分担執筆『新版助産師業務要覧II実践編2021年版』日本看護協会出版会 2020年、『子どもを育てない親、親が育てない子ども──妊婦健診を受けなかった母親と子どもへの支援』生活書院 2015年、『子ども虐待と貧困──「忘れられた子ども」のいない社会をめざして』明石書店 2010年。

**松岡典子**●まつおか・のりこ
特定非営利活動法人MC サポートセンターみっくみえ代表、一般社団法人全国妊娠SOSネットワーク理事、助産師。
名古屋市立大学博士前期課程修了。医療現場に勤務後、2000年に団体を立ち上げ、保健・医療・福祉分野のメンバーとともに、年中無休で妊娠期から子育て期の女性、思春期の子どもたちの相談に対応。地域での虐待防止活動に行政等と連携し取り組んでいる。

**赤尾さく美**●あかお・さくみ
一般社団法人ベアホープ理事、一般社団法人 全国妊娠SOSネットワーク理事、助産師。
助産師として総合病院勤務、国際NGOワーカー、名古屋大学医学部保健学科助教を経て、2013年養子縁組あっせん機関である（一社）ベアホープをスタート。日本財団で特別養子縁組の周知啓発事業に携わる中で、2015年全国妊娠SOSネットワークの立ち上げにつながる。

**姜恩和**●かん・うな
目白大学人間学部人間福祉学科准教授、一般社団法人 全国妊娠SOSネットワーク理事、社会福祉士。
2006年3月、東京都立大学大学院社会科学研究科社会福祉学専攻博士課程修了(社会福祉学博士)、首都大学東京助教、埼玉県立大学講師・准教授を経て、現職。社会福祉士。専門は、子ども家庭福祉、社会的養護、女性支援。論文に「妊娠葛藤のある母親が自身での養育または養子縁組に託すことを決定する要因の探索的研究——慈恵病院の『SOS 赤ちゃんとお母さんの相談窓口』の事例を通して」（社会福祉学評論21号 38-51、2020年）など。

**床谷文雄**●とこたに・ふみお
奈良大学文学部教授、大阪大学名誉教授。大阪大学法学部、同大学院法学研究科で学んだ後、神戸女学院大学、大阪大学を経て2019年4月から現職。民法・家族法専攻。親子法、相続法の比較法的研究。
論文に「社会的養護（施設・里親）と親権・監護権」『現代家族法講座第3巻親子』日本評論社 2021年、共書に『民法7親族・相続第6版』有斐閣アルマ 2020年。

● イラスト　　　　　　　　　　　　　　すがわらけいこ
● カバー・Q&A・コラムデザイン　　　　コダシマアコ
● 参考書籍・相談窓口一覧 DTP　　　　　東原賢治（新日本プロセス）
● 編集協力　　　　　　　　　　　　　　蜂須賀裕子

見えない妊娠クライシス
誰にも言えない妊娠に悩む女性を社会で支える

2021年3月11日　第1刷発行

編著者　佐藤拓代
著　者　松岡典子・赤尾さく美・姜 恩和・床谷文雄

発行人　竹村正治
発行所　株式会社 かもがわ出版
　　　　〒602-8119 京都市上京区堀川通出水西入
　　　　TEL 075(432)2868　FAX 075(432)2869
　　　　ホームページ http://www.kamogawa.co.jp
印刷所　株式会社 光陽メディア

ISBN 978-4-7803-1008-5 C0036